U0152797

超越極限

我的超馬之路

超馬與騎腳踏車的雙料好手
踏上跑步這段汗與笑的旅程

推薦序 1

勵志故事──《超越極限：我的超馬之路》

嘉鴻是我們新北市愛跑者協會的超馬好手，多次會內協助他在臺北超級馬拉松的補給工作，身為會長習慣在半夜時刻，選手面臨生理的疲憊，還有心理的煎熬時段過去協助他，當時對他的堅持與堅毅，深感敬佩，他不僅僅是在挑戰體能的極限，更是在鍛鍊精神上的韌性，真正體現了體育精神的精髓。

終於我們盼到這本《超越極限：我的超馬之路》，透過嘉鴻的親身經歷，帶領讀者深入探索超馬運動的挑戰與奮鬥。大家熟悉的嘉鴻，是以科學化數據訓練為基礎，結合無比堅強的毅力和規律自主的練習，在烈日寒風中無懼挑戰，他不僅面對極端環境，還平衡家庭生活和工作，展現了堅毅與謙虛並存的精神。

嘉鴻連續兩年參加紐約十日超馬賽事，10 天之內奔跑了709 英里（約 1141 公里），在國際舞台上創下了總排名第 3、50 歲分組第 1 的佳績，並獲得分組獎牌。他的表現不僅是個人成功的寫照，更是國民外交的典範。

此外，嘉鴻正在備戰東吳 24 小時超馬賽事，也展現了他嚴謹的訓練計畫與精準的配速技巧，以職人精神演繹每一秒的意義，他不僅是愛跑者協會的成員，更是協會內公認的超馬訓練典範，無私地與他人分享訓練技巧，贏得了大家的尊敬與欽佩。

《超越極限：我的超馬之路》不僅是一本超馬愛好者的書籍，更是一部關於毅力、規律、謙遜與分享的勵志故事。每一位讀者都能在嘉鴻的故事中找到力量與啟發。

新北市愛跑協會　會長

陳仁和

持續精進，讓自己愈來愈好

在 2024 四月底飛紐約航班，停留的兩天期間，同飛的組員說有公司的同仁正在紐約參與十日超級馬拉松，問我要不要一起去加油，平常熱愛參與體育活動，也參與過路跑和鐵人三項的我，毫不考慮的就帶著大包小包的補給物資，前往離旅館不遠的賽場幫嘉鴻加油。

在賽場看到的，是不屈不撓的鬥志，是嚴酷的心志磨練，是現今社會最欠缺的態度，深深的為嘉鴻的堅持所感動，只要有心，堅持到底，一定會找到方法，讓自己持續精進，愈來愈好。

誠摯推薦本書給想要讓自己更好的朋友。

長榮航空 777 資深 機長
長榮航空關係企業工會 理事長

徐瑋鍠

推薦序 3

用雙腳實踐「施比受更有福」

作為盲人環台為公益而跑的理
事長，能夠為嘉鴻的新書作序，
我感到十分榮幸。多年來，嘉
鴻一次又一次無私地參與我們
的活動，他堅毅的身影總是深
深烙印在活動中，激勵著每一
位參與者。

嘉鴻不僅是一位傑出的跑者，更是一位擁抱愛心的勇者。
他奔馳在馬拉松的賽道上，挑戰體能的極限；他也陪伴著
視障跑者，一步一步完成環台的夢想，用雙腳實踐了「施
比受更有福」的精神。他以行動證明，只要有心，人人都
可以為社會貢獻一份力量，這也正是我們盲人環台路跑活
動一直以來所堅持的信念。

嘉鴻不僅在公益上有所奉獻，更在國際超馬領域綻放光芒，連續兩年獲得紐約超級馬拉松男子總排季軍，以堅韌與毅力為臺灣爭光。他的每一次突破，都是他對自我挑戰的最佳詮釋，也鼓舞著無數人勇敢迎接人生中的高峰。

這本書不僅記錄了他跑步的旅程，也記錄了他對生命的熱愛和對公益的奉獻。相信這本書能啟發更多人，勇敢追夢，並將愛傳遞到社會的每一個角落。

我誠摯推薦這本書給所有朋友，讓我們一起感受嘉鴻的不凡旅程，並從中汲取力量，讓愛的光芒照亮你我！

盲人環台為公益而跑　理事長

郭瑞和

推薦序 4

鐵腳傳奇：愛與希望的無限可能

從懵懂的新手到橫跨山海的超
馬王者，魏嘉鴻的跑步之路，
不僅是一趟超越自我的冒險，
更是一段用雙腳書寫愛與希望
的傳奇。

回想 2016 年，當時的他只是
一位熱愛騎車的工程師，一場
環島之旅點燃了他對運動的熱情。短短幾年內，他從騎自
行車轉向路跑，用雙腳丈量著臺灣的每一寸土地。從鎮西
堡的百公里挑戰到冬山河的 161 公里，甚至橫跨美國的十
日超馬，這些看似不可能的任務，終在他的堅持下逐一被
征服。

在 48 小時的極限耐力賽中，他數度刷新全國紀錄，展現出令人驚嘆的毅力與耐力。紐約的十日超馬更是讓他把臺灣的旗幟插上世界舞台，向全世界證明了臺灣跑者的實力。

嘉鴻的成功絕非偶然。透過嚴謹的科學訓練和精確的配速策略，他能高效應對各種賽事。但更重要的是，他那顆永不放棄的赤子之心，成為他面對挑戰時最堅實的後盾。

然而，嘉鴻的成就遠不止於此。他深信，跑步不僅是個人的追求，更是一種回饋社會的方式。在賽事中，他時常看到需要幫助的人，因此萌生了將跑步與公益結合的想法。除了積極參與各項公益活動外，嘉鴻特別贊助了盲人公益環台活動，希望透過自己的影響力，鼓勵更多人關心弱勢群體，為他們盡一份心力。

嘉鴻的善舉不僅展現了運動員的風範，更彰顯了社會的溫暖。他的故事告訴我們，跑步不僅能強健體魄，還能讓我們的心靈更加豐盈。

盲人環台為公益而跑 總幹事

楊鐘鼎

推薦序 5

不疾不徐、緩緩前行

「走出實驗室就沒有高科技，只有執行的紀律。」

——郭台銘語錄第 1 條

「Common sense 不等於 common practice ！」

——策略大師許世軍教授

跑步十幾年來，深深覺得跑步雖然好像沒什麼了不起的學問，但卻有很多值得玩味的道理……。

例如我們都知道馬拉松「只有累積、沒有奇蹟」，但卻期待自己不需苦練，就想有好成績，彷彿自己是天生的練跑奇才，當然結果常常事與願違……。我們也都知道馬拉松最重要的是配速、配速、配速，但每當我們聽到起跑的槍聲響起，總是忍不住地衝出去……，然後再慢慢嚐到苦果，因此跑一場全馬，常常是一鼓作氣（前半馬）、再而衰（25K 以後）、三而竭（35K 以後……），何以致之呢？

說穿了，其實就是「說到（知道）」和「做到（執行）」之間，存在著巨大的鴻溝罷了……。

認識嘉鴻兄大約三年左右的時間，原本只知道他是一位單車騎行的高手，曾經百騎一般車友視為畏途的武嶺鐵屁股，後來才知道他也是一位超馬的高手，讓我最感到驚艷和不可思議的就是……航太工程師出生的嘉鴻兄，充分展現其紮實工程師底子的嚴謹精神、態度，對於每一場賽事，他總是反覆進行完整的資料收集、分析、策略擬定，最難能可貴的，就是他那百分之百的執行率，這使得嘉鴻兄總能在長距離挑戰的超馬之路，顯得格外與眾不同，我們每每看到賽事初期，嘉鴻兄總是不疾不徐、緩緩前行，乍看

之下，他的表現似乎並不出色，但隨著時間的推移，他的長處和優勢，就逐漸顯現，當別人體能開始下降，身體開始疲憊不堪、落後之際，他總能迎頭趕上、超越，並且擴大領先差距直到終點，因此嘉鴻兄參加國際賽事的場次，雖然不算多，但卻總是能夠獲得最佳的成績，他能有如此出色的成績，本人一點都不意外，因為，他是我所見過最有執行紀律的超馬跑者！

大約半年前，嘉鴻兄二度參與美國紐約 10 日超馬賽的挑戰，再次勇奪世界第三名和分組冠軍的榮耀，並且創造了 1141 公里的臺灣超馬新紀錄。

載譽歸國後，聽嘉鴻兄說他想把他跑超馬的經驗寫成一本書，分享給所有熱愛跑步的跑者，這個消息令我敬佩萬分，當下預購了這本書。

一如嘉鴻兄嚴謹的執行紀律，半年後，這本書真的就要付梓了，我已經迫不及待要跟大家分享推薦，這本絕對值得所有跑者閱讀的好書。

資深企業培訓顧問、環球跑旅愛好者、不間斷跑步達人

Roger 蔡國圳

推薦序 6

一段心靈與體能的雙重旅程

魏嘉鴻先生是我長期以來深感敬佩的朋友。他對運動的熱愛和無畏挑戰的精神，無論在單車或跑步領域都展現無遺。從初次接觸單車，到完成環法之旅，再到挑戰體能與意志的超級馬拉松，嘉鴻用毅力和執著寫下了《超越極限：我的超馬之路》。

書中，嘉鴻真誠地分享了他從單車到超馬的心路歷程。這段路上，他經歷了汗水與挫折，同時也收穫了成長與突破。對嘉鴻來說，跑步不僅是體能的挑戰，更是內心的對話與探索。每一次的奔馳都是與自我極限的較量，使他變得更堅韌。

我衷心期望這本書能成為運動愛好者和追夢者的良伴，讓讀者從嘉鴻的心路歷程中找到共鳴，並在挑戰中擁有無畏的勇氣。

中華民國自行車協會理事長

李哲欽

推薦序 7

挑戰的信仰

當我聽說魏大哥即將參加紐約 10 日超級馬拉松賽時，心中充滿了敬佩。10 天內，上千公里的奔馳、極限的挑戰，對身體和心靈都是一場試煉。這不僅僅是體能上的耐力測試，更是一種超越自我極限的毅力和意志的象徵。對於許多人來說，馬拉松可能代表著身體的極限；然而，對於這位選手，10 天的超級馬拉松代表的，遠不止於此。

先前的百進武嶺、北高，他的每一項，都是對目標的堅定追求。他日復一日地磨練自己，訓練的過程就像是賽事的縮影——充滿著流汗、痛苦、掙扎，卻也充滿了每一次戰勝困難後的喜悅。這本書正是他全程心路歷程的寫照，從最初的懷疑到後來的堅信，從平凡中汲取力量，並不斷突破自身的極限。

透過這本書，讀者們不僅能看到一位超馬選手的堅持與毅力，也能體會到他對於挑戰的信仰。對於所有讀者來説，無論身處何地、年齡多少，都能從中獲得啟發。希望這本書能夠成為我們日常生活中那一點點勇氣的來源，讓我們也勇敢面對生活中的各種挑戰。

Akiwei 創辦人

林宗緯

推薦序 8

心靈及身體的鍛鍊妙方

第一次見到魏大時，是在去年紐約 10 日賽的前夕。還記得那時候，邊吃早餐邊聽著魏大分享其訓練過程所遵守的紀律和系統性的課表，對眼前這位高手深深感到無比佩服。

這本書幫助我們了解魏大一路走來的訓練甘苦談，更多的是，能吸收到許多不論是心靈或是身體的鍛鍊妙方。

期待大家一起共同好好拜讀這本書。

空姐跑者

Misa Lin

推薦序 9

愛跑者幹部群的祝福小語

做任何你想做的事，永遠都不晚，在你嘗試之前你永遠不知道自己能完成什麼，你是最強大的，你的毅力驚人。

祝福你提起勇氣繼續向前進，登上最高的位置。

新北市愛跑協會　榮譽會長

陳仲憲

自己平時努力的毅力及規律自主的課表，調整與目標誤差異小，實力是有目共睹的。每場賽事都能盡全力，是我們榜樣與學習的目標，堅持不懈達到成功，恭喜為國及愛跑爭光榮。

新北市愛跑協會 愛跑公關組

邱惠萍

科學化數據訓練，比堅強的毅力，規律自主的練習，烈日
寒風在前無懼，成就不凡的魏嘉鴻，一次又一次挑戰體能
極限，創造佳績，邁向超馬國際舞台，為國爭光！

新北市愛跑協會　愛跑服務組
黃顯彬

感謝您點亮臺灣，點亮愛跑者。
從魏大身上看到：堅持到底，永不放棄超馬魂。
祝魏大：在未來的比賽更上一層樓突破極限。

新北市愛跑協會　愛跑服務組
呂懷砡

給魏大！看著你訂定目標，編排課表，確實練習，一步一
步一點一滴的完成訓練！成功實現夢想。一路走來沒有偶
然。背後的努力付出讓我們都萬分感動。祝福你再次築夢
並順利平安實現！

新北市愛跑協會　愛跑服務組
李森源

推薦序 10

超馬精算師——魏嘉鴻

你有馬拉松跑不下去，武嶺雙塔
騎不完，補給吞不下的困擾嗎？
強烈建議參考超馬 10 日賽國家
紀錄保持人（1141 公里）「超
馬精算師」魏嘉鴻的新書，與您
分享如何克服長距離耐力運動訓
練與補給的挑戰！

魏嘉鴻的全馬不是最快的，但他
靠細心和耐心將自身條件發揮到
極致。書中有他詳盡的經驗分
享！千萬別錯過。

32Gi Taiwan 補給哥

馬全孝

推薦序 11

高度自律──讓理想成為現實

魏哥／魏大（在 FB 和 LINE 上許多人這樣稱呼他）是一位親切又樂於分享經驗的人。

在許多大型運動社團中，魏哥總是熱心地分享他多年來的科學化訓練經驗和精準的配速技巧。他透過數據來剖析，自己是如何從運動新手一步步成為能代表臺灣參加紐約十日馬拉松的選手。對他而言，科學訓練固然重要，但更關鍵的是他展現出的高度自律──無論日晒雨淋，白天或夜晚，他總是堅持不懈地執行訓練，才讓他的理想成為現實。

看到他這樣堅持不懈地追求夢想，總讓我忍不住在他辛苦練習時，帶些小補給為他打氣。而他也總是誠摯地表示感謝，讓人覺得溫暖。

在參與雙塔或北高的活動中，有機會近距離看到他對活動的周詳規畫和他真誠待人的態度，讓人覺得他是一位踏實可靠的朋友。參加他規畫的北高訓練，更讓我體會到，透過他的方式，在規定時間內完成北高或雙塔挑戰並非難事。當然，完成這類活動並非只靠方法就能成功，平日的自我訓練與維持體能才是關鍵。魏哥只是提供了更科學的訓練方法，幫助我們這些後進更有效率地達成各自的目標。

臺灣非常需要像魏哥這樣樂於分享經驗的人，也衷心祝願他能持續實現自己的理想，在未來的賽事中獲得更多榮耀！

車友
Richard Tsai

推薦序 12

用騎車跑步，串連兩地的友誼

一個騎去臺灣武嶺的小心願，鏈接香港臺灣兩地的運動友誼。

6 年前 2018 年剛騎公路車，我就有挑戰武嶺的心願。當時懵懂無知的我不知武嶺難度和補給需要。機緣巧合下網路上認識到魏爸，他的熱心和熱情的解說驚訝到我。當他了解到我原來沒任何準備，就簡單說一句話：安心過來，一切交給我來處理。

然後把接送、補給車、補給品、配速表等安頓好，還帶上幾個小夥伴們一起騎，浩浩蕩蕩的圓了我的武嶺夢。

從此起，6 年下來，魏爸引領我完成北高、雙塔、西三塔、四級點環臺等一次比一次的高難度挑戰和突破。

我一直心存感激。也受他跑超馬啟發，我在香港也開始了越野跑活動，跟隨他的步伐，我在跑步領域突破自己。

魏爸的超馬之路是華人之光，我慶幸能見證者他作為業餘愛好也能登上世界尖列高手之一。也祝福他在運動路上再有新的突破。

香港車友

DT

推薦序 13

愛跑者友人的祝福小語

紀律與毅力
堅持永不放棄
在你身上我們所見的是你努力不懈的精神
見識 48H 勇者
見識你在紐約超馬連續兩年男子總排季軍畫面
見識你朝有規畫的目標前進

愛跑者之友
羅雅惠

成功的人找方法，在魏大的身上著實發生，現在進行式，
規畫練習再練習，讓紀律＋規畫＋休息＋強大的執行力＋
數據化，造就了自己在超馬的舞台上的發光發熱，非常值
得推薦學習的偶像，為自己的人生圓夢。

新北市愛跑協會　會員

邱志杰

推薦序 14

瘋騎士友人的祝福小語

在運動員成功的特質中，魏哥還擁有一種讓人喜愛的特質，就是樂於分享的熱情！除了可以像孤狼般執行自身的挑戰訓練，常常也是無私的分享 & 服務有需要的車友跑友，對於大家的疑惑、需求考量，幾乎都能發現並給出適當的回應，平易近人且親力親為竭盡其所能的協助，這種提燈籠都找不到的樂善好施屬性，受到大家的青睞 & 愛戴，加上不斷自我提升取得國內外的佳績，為其感到高興的同時，也讓認識魏哥的朋友們都與有榮焉！

堅持不是勉強，對於運動家堅毅的精神詮釋的淋漓盡致；運籌帷幄不莽撞，在科學與實務上驗證出可執行的腳本，看似瘋狂卻又在處於運作的範本中，以成功率最大的模組引領大夥完成挑戰，替每位夥伴的成功感到開心！這就是我認識的瘋騎士團長魏嘉鴻魏哥！

這本書推薦給對跑步有興趣、想完成馬拉松、超馬，甚至是單車運動想要設定目標的人！魏哥以自身所獲取的經驗，傾囊相授！值得一覽！

瘋騎士隊員

劉明達

人生中的貴人魏爸是位極為自律又客氣且願意分享的人。將運動科學化、運動數據化發揮的淋漓盡致，對於競賽有著異於常人的決心與堅強毅力。

從每一個競賽的賽前精心製作計畫、練習時盡全力且有紀律執行的按表操課、競賽過程中觀測當下天候狀況與自身的身體狀況、觀察競賽對手的表現，隨時修正自己的計畫更新配速。

魏爸改變了我以往對運動的態度與觀念，指導了我該如何準備與練習。從中體會出該如何應對未來所遭遇到的事情，研究可能完成的所有方法並做好計畫、抱持著決心與毅力來完成事情。

瘋騎士車友

陳亮宇

推薦序 15

運動到老，突破自我

常常熱心的分享自己科學的訓練方
式和時間表，從備賽期的睡眠、飲
食，工作後精神狀況到比賽當日的
任何情況，詳細的記錄，讓我能從
中吸收日後比賽時的身體和心理
準備。

因為市民跑者或騎士一般努力訓練過度往往容易受傷，受
傷更影響平日訓練課表，甚至比賽表現。透過魏先生強調
休息和訓練一樣重要的編排課表，可減少許多運動傷害。

運動的本質是增加肌肉，訓練心肺功能及有助舒展身心，
減輕精神壓力，若使用錯誤的方式則弄巧成拙，推薦大家
閱讀此書，讓我們運動到老，使自己能夠不斷地進步，然
後突破自我！

喜歡運動的麻醉科護理師

Amy Chang

推薦序 16

我所認識的魏爸

閱讀魏爸運動的循跡，大多是從 LINE 瘋騎士群組、其他社群媒體，或偶爾在約騎、聚餐分享會相遇，但我看到他一致性的誠懇與真實。

往往在一年前或者是更早先，魏爸已構思遠大的目標，為了國際超馬賽事更是分年分月分日，有紀律地堆高有氧的核心底蘊。透過更清楚的課表實踐和自己的身體對話，靜下心，細分化每一個配速、補給、運輸、進食、休息等環節⋯⋯然後穩穩地用最平凡的鞋跡，締造出最不平凡的里程碑。

魏爸是個分享型的隊友，只要有人提問，他不管多忙碌，都一定會抽出時間詳實無私的回覆。他也盡力做到利他，每年都在能力所及參與推進，但這些他總覺得僅是微不足道的小付出。

此外令我最印象深刻的是曾揪團排定武嶺挑戰或圓夢人數突破 15 臺補給車，因為天氣不可控的因素取消但有些外付費用廠商已經支出……魏爸除了試算退款金額，他一定會很誠懇的補充一句：如果覺得不合理，只要告訴他應退金額他一定（自行吸收差異）遵照辦理或全額退。

很少有運動者知行合一樂意分享鍛鍊自己的過程，更不忘提攜有志跟進或僅是初學者，他不停地探究自己身體的極限，面對痛點的轉化總能透過計畫反思以退為進，最後段確保安全無虞下再追求逆勢突破……如果未來有人體極限運動的國家組織領導人，我一定選魏爸。

喜歡陌生街拍和騎車的攝影師

Charles Liu

超馬賽前須知

2023 年，我第一次參加了紐約超馬 10 日賽，完賽後，回顧我這一路的跑步之旅，內心有許多的感想與心得，從此決定要出版一本書，記錄我的心路歷程，從腳踏車踏進跑步，從國內比賽到國際比賽，也想分享我自訓的規畫、裝備的選擇、如何克服與適應外在環境，以及精準擬定配速並執行的方法。

這本書共分為五個部分：

01 在起跑線之前

在超馬之路的一開始，我想先跟大家介紹我踏進跑步領域的緣由、騎腳踏車跟跑步有什麼關聯、我為何持續跑步的核心價值，帶領各位跟著我一起進入超馬的世界。

O2 跑道上的重要時刻

接著,我會分享我參加過幾場比賽的精采時刻,介紹每種比賽的特色、實際參與比賽時發生印象深刻的場景,以及曾經在練習或比賽時發生的困境以及如何解決的情況。

O3 天時地利人和

在這一章節,我會介紹我的訓練與準備方式,如何應對外在環境的變化、裝備與補給、擬定訓練計畫,這個部分特別想分享給有興趣的跑友們,以及在練跑過程中遇到瓶頸的人,或許可以參考看看我的方法。

O4 跑步的孫子兵法

深入探討我的配速規畫,以及如何在練習時澈底執行,在比賽時依照實際情況調整,另外,也收錄了我實際參加過幾場比賽的場上攻防,以及發生的小故事等。

05　一路走來：感謝與未來

最後，今年（2024）我再度參加了紐約 10 日賽，本書也屆完稿，我還有更長遠的目標想要實現，一路走來，身邊有許多支持、鼓勵我的親朋好友們，讓我可以無後顧之憂的繼續前進，是我想要特別感謝的。

如果你對跑步、騎腳踏車等運動有興趣，不論是剛入門或是想更精進，就請你跟著這本書，和我一起開始這場超馬之旅吧！

目次

02 跑道上的重要時刻

03 天時地利人和：
我的訓練與準備方式

04 跑步的孫子兵法

05 一路走來：感謝與未來

01

在起跑線之前

以前連 3000 公尺都覺得好累！
「跑」生從 43 歲開始

因為在 2023 年參加了「紐約 10 日跑」，開始接到了許多來自跑步愛好者對我的好奇，其中很大一部分的人都會詢問同樣的問題，那就是關於「開始跑步的契機」。

的確，開始從事某項運動的理由會深深的影響這個人練習的方式、比賽時的信念，以及成為堅持不放棄在這條漫長路上的緣由。然而其實我並非從小就開始訓練；在最一開始，跑步也並非我的最愛。

在我 43 歲以前，是完全沒有把「跑步」這件事放進我的人生清單裡的，平常沒有跑步的習慣，甚至有在進行跑步這項運動的經驗都要追溯到當兵時跑的 3000 公尺了，那時候 3000 公尺跑完都覺得好累好累的我，一定沒有想到 30 年後，會踏在異國的土地上，連續跑了 2 年，跑了一千公里以上的成績。

就在這天「腳踏車」闖進我的生命，
運動生涯就此展開

我開始有所謂運動這項興趣或有意識的持續自我訓練並非
是跑步，而是騎腳踏車。一直以來，比起跑步，我也是花
了更多時間在騎腳踏車上。

2016 年 10 月，我因緣際會下有了 10 天的假期，我在放
假前一天心裡盤算著該如何利用這段難得的空閒時間時，
剛好經過一家腳踏車店，我沒有任何計畫，也沒有多想，
在此之前也沒有什麼騎腳踏車運動的習慣。我在店裡到處
摸一摸、看一看，想著不然就買臺腳踏車去環島吧！那時
候對公路車完全不清楚，因此特意跟老闆問了可以摺疊的
款式，怕真的太累了還可以收起來走路或搭車，接著隔天
竟然就這樣去環島了。經過 10 天與腳踏車的朝夕相處，
熟悉了腳踏車的騎行模式，找到了騎腳踏車的樂趣，就這
麼愛上了騎腳踏車。環島結束後我詢問身邊有在騎腳踏車
的車友「平路長程和爬坡最困難的路線是什麼？」得到「平
路長程最困難路線是 24 小時內完騎 520 公里雙塔（富貴

角至鵝鑾鼻），爬坡最困難
的依序是西進、東進、北進
武嶺」的回覆。並且剛好我
看到了每年 11 月的 TWB 雙
塔，於是訂下了目標，希望
在一年內，也就是在 2017
年參加 TWB 雙塔，目標在
24 小時內完騎，第二目標
完騎西進、東進、北進武
嶺。這兩項也是臺灣腳踏車
界的精神指標。

第一臺腳踏車

為了補足裝備，我在隔年 3 月直接購入了 30 幾萬最頂級的 TIME 碳纖維公路車。另外因為輪組的好對於騎腳踏車的影響很大，我在第一次參加 TWB 雙塔賽事前一個月另外買了 10 幾萬最頂級的 CORIMA 平路專用碳纖維板輪，取代原本 2 萬多的鋁框輪組，也接著購入了爬坡專用，同樣是 CORIMA 最頂級的碳纖維輪組，這樣的裝備至今陪伴我上山下海，從此開始我的腳踏車生涯，這項投資也是我在 7 年內能有所成績很重要的一環，好的裝備就像是如虎添翼，我不要每個階段每個階段的去替換、淘汰我的裝備，我要一次到位，每次練習都是最好的準備。有了裝備加上訓練，我陸續完成了雙塔、登武嶺、環法 35 天，到現在我也帶領剛入門的車友騎行雙塔 24 小時的配速，最後在2022 年 8 月完成了武嶺百登。腳踏車變成我的日常，變成我的信仰，成為指引我人生前進的燈塔，因為我還想要挑戰 200 登、300 登……到再也騎不動那天，我有想要比前一年、前一天多騎那麼一登的目標。

TIME 碳纖維 CORIMA 公路車

CORIMA 平路專用碳纖維板輪

環法使用 BRODY 鋁框輪組

爬坡專用輪組

我的腳踏車三大里程碑：百登武嶺、雙塔 24 小時配速、35 天環法一圈 5252 公里

武嶺是臺灣公路最高點，因此能夠騎上武嶺就是在臺灣腳踏車界的爬坡指標。上武嶺有 3 條路線，第 1 條是從埔里地理中心碑、霧社、清境上去，也就是所謂的「西進」，這條是最短的路線大約 53 公里，爬升 2800 公尺；第 2 條是「東進」，距離次之，從花蓮太魯閣牌樓，經天祥、碧綠神木到關原、大禹嶺，上武嶺大約 85 公里，爬升 3400 公尺；最後的「北進」路線是從宜蘭百韜橋出發，經南山、梨山、大禹嶺，上武嶺大約 113 公里，爬升 3900 公尺。

我對百登武嶺計算次數相當謹慎！必須從以上 3 個路徑上到武嶺才算登一次武嶺，一開始我跟大部分的人一樣，會在結束之後選擇由保母車接送、搭補給車下山。後期搭配跑步訓練體力，變成可以自行滑車下山，以及來回自行開車，我的武嶺百登中即有半數是自行滑車下山的。我自己騎的路線通常分為兩種，第一種是當天來回，當天來回會有東進東出、西進西出兩條路線，東進東出的話我會把車停在花蓮，上武嶺約 8 小時，下滑約 3 小時；西進西出則是把車停在埔里，上武嶺 5 小時，下滑 2 小時。當天北進北出的路線則因為時間太長並未嘗試，因為北進上武嶺需要 11 小時，下滑要 6 小時，晚上下滑就過於危險了。第

百登前利用 4 天休假，連騎 4 天 5 進 4 出武嶺

二種則是兩天的行程，有北進西出、東進西出，上武嶺後下滑到埔里，隔天再西進北出、西進東出這樣兩天兩進等不同組合的經驗，這是用一個晚上的住宿休息換來增加的騎乘次數。我理想中當然也希望有至少 8 個車友可以一起租補給車，搭車下山，盡量不要下滑，如果少於 8 人就只能自己開車，順便載 1 至 2 位車友一起騎武嶺。然而我的工作經常排休在非假日，和一般人的時間對不起來，因此許多時候我也只能自行前往，然而正因如此不斷的訓練體力，成為了日後跑步的一塊奠基石。

11 台補給車

　而每年 11 月舉辦的雙塔 24 小時，是臺灣平路較長距離，每年 1 次，報名人數約 8、9000 人，連同陪騎，共 1、2 萬人一起參與的「大拜拜」，我在 2017 年第一次參加 TWB 雙塔賽事，即用 19 小時 25 分完成，現在甚至還能協助車友圓夢雙塔 24 小時的配速，這部分有關配速的訓練也跟超馬的訓練策略能互相對照，在後面的章節中我會再穿插進行更進一步的分享，暫且留一點伏筆在這裡。

84 位車友武嶺團騎

完整武嶺百登紀錄　第 1 ～ 100 登
（西進 59 次＋東進 25 次＋北進 16 次）

次數	日期	起點	完整武嶺	半程武嶺	西進武嶺	西進東出	西進北出	西界東出	武界西出	東進武嶺	東進西出	東進北出	東雙港	北蘇武	北進武嶺	北進西出	978 50	778 50	2016	2017	2018	2019	2020	2021	2022
		累積次數	100	6	24	28	2	3	2	13	7	3	1	1	9	3	3	1	1	4	6	8	32	30	25
第0001登	2016/12/1	地理中心	1			1													1						
第0002登	2017/8/6	關原		1																1					
第0003登	2017/9/6	七星潭	1								1									2					
第0004登	2017/11/19	地理中心	1			1														3					
第0005登	2017/12/10	地理中心	1			1														4					
第0006登	2018/4/23	七星潭	1							1											1				
第0007登	2017/5/1	地理中心	1			1															2				
第0008登	2018/6/23	地理中心	1			1															3				
第0009登	2018/6/24	秀林國中	1							1											4				
第0010登	2018/9/10	地理中心	1			1															5				
第0011登	2018/9/18	東進牌樓	1							1											6				
第0012登	2019/5/5	地理中心	1			1																1			
第0013登	2019/8/5	百韜橋	1												1							2			
第0014登	2019/8/6	富嘉小7		1																		3			
第0015登	2019/9/7	地理中心	1			1																4			
第0016登	2019/9/8	地理中心	1			1																5			
第0017登	2019/9/8	大禹嶺		1																		6			
第0018登	2019/9/12	百韜橋	1												1							7			
第0019登	2019/10/21	百韜橋	1												1							8			
第0020登	2020/2/27	關原		1																			1		
第0021登	2020/3/11	新店捷運	1													1							2		
第0022登	2020/4/9	地理中心	1			1																	3		
第0023登	2020/4/9	大禹嶺		1																			4		
第0024登	2020/4/16	地理中心	1			1																	5		
第0025登	2020/4/28	百韜橋	1												1								6		
第0026登	2020/4/29	東進牌樓	1							1													7		
第0027登	2020/5/18	東進牌樓	1							1													8		
第0028登	2020/6/8	地理中心	1			1																	9		
第0029登	2020/6/9	東雙港	1										1										10		
第0030登	2020/6/15	地理中心	1			1																	11		
第0031登	2020/6/16	東進牌樓	1							1													12		
第0032登	2020/6/22	東進牌樓	1								1												13		
第0033登	2020/6/28	地理中心	1			1																	14		
第0034登	2020/7/1	新店捷運	1													1							15		
第0035登	2020/7/20	地理中心	1			1																	16		
第0036登	2020/7/27	地理中心	1			1																	17		
第0037登	2020/7/29	東進牌樓	1								1												18		
第0038登	2020/8/5-6	北蘇武東出	1											1									19		
第0039登	2020/8/7	東進牌樓	1							1													20		
第0040登	2020/9/3	雙進武嶺	1					1															21		
第0041登	2020/9/3	西進+東進	1		1																		22		
第0042登	2020/9/9	地理中心	1						1														23		
第0043登	2020/9/14	東進牌樓	1								1												24		
第0044登	2020/9/18	地理中心	1			1																	25		
第0045登	2020/9/23	大溪-台7-0X	1													1							26		
第0046登	2020/10/5	百韜橋	1												1								27		
第0047登	2020/10/6	東進牌樓	1							1													28		
第0048登	2020/10/7	地理中心	1			1																	29		
第0049登	2020/10/7	大禹嶺		1																			30		
第0050登	2020/10/12	地理中心	1				1																31		
第0051登	2020/10/13	地理中心	1				1																32		
第0052登	2021/2/18	東進牌樓	1							1														1	
第0053登	2021/2/24	百韜橋	1												1									2	

次數	日期	起點	完整武嶺	半程武嶺	四進武嶺	四進西出	四進東出	四進北出	武界西出	束進武嶺	束進西出	束進東出	束東港	北蘇武	北進武嶺	北進西出	978 50	778 50	2016	2017	2018	2019	2020	2021	2022
累積次數			100	6	24	28	2	3	2	13	7	3	1	1	9	3	3	1	1	4	6	8	32	30	25
第0054登	2021/2/25	束進牌樓	1							1														3	
第0055登	2021/3/15	束進牌樓	1								1													4	
第0056登	2021/3/19	地理中心	1		1																			5	
第0057登	2021/3/25	束進牌樓	1								1													6	
第0058登	2021/3/28	束進牌樓	1							1														7	
第0059登	2021/4/8	地理中心	1			1																		8	
第0060登	2021/4/12	地理中心	1			1																		9	
第0061登	2021/5/14	束進牌樓	1								1													10	
第0062登	2021/5/15	百韜橋	1												1									11	
第0063登	2021/9/2	束進牌樓	1									1												12	
第0064登	2021/9/3	地理中心	1				1																	13	
第0065登	2021/9/4	束進牌樓	1							1														14	
第0066登	2021/9/20	百韜橋	1												1									15	
第0067登	2021/9/28	束進牌樓	1								1													16	
第0068登	2021/10/3	百韜橋	1												1									17	
第0069登	2021/10/4	地理中心	1					1																18	
第0070登 / 第0071登	2021/10/10	雙進武嶺 / 西進集*2P	2			2																		19	
																							20	
第0072登	2021/10/16	地理中心	1			1																		21	
第0073登	2021/10/18	雙進武嶺	1												1									22	
第0074登	2021/10/18	北進+四進	1					1																23	
第0075登	2021/10/25	地理中心	1		1																			24	
第0076登	2021/10/26	地理中心	1			1																		25	
第0077登	2021/11/18	地理中心	1		1																			26	
第0078登	2021/11/26	地理中心	1		1																			27	
第0079登	2021/12/7	地理中心	1			1																		28	
第0080登	2021/12/20	地理中心	1			1																		29	
第0081登	2021/12/23	地理中心	1			1																		30	
第0082登	2022/3/2	地理中心	1			1																			1
第0083登	2022/3/10	百韜橋	1												1										2
第0084登	2022/3/11	地理中心	1					1																	3
第0085登	2022/3/17	地理中心	1			1																			4
第0086登	2022/4/1	地理中心	1			1																			5
第0087登	2022/4/16	地理中心	1		1																				6
第0088登	2022/4/16	新店捷運	1														1								7
第0089登	2022/6/5	百韜橋	1																						9
第0090登 / 第0091登	2022/6/21	雙進武嶺 / 西進集*2P	2			2																			10
																								10
第0092登	2022/6/22	地理中心	1			1																			11
第0093登	2022/6/23	地理中心	1			1																			12
第0094登	2022/6/27	地理中心	1			1																			13
第0095登	2022/6/30	地理中心	1			1																			14
第0096登	2022/7/5	地理中心	1			1																			15
第0097登 / 第0098登	2022/7/11	雙進武嶺 / 西進集*2P	2			2																			16
																								17
第0099登	2022/7/15	地理中心	1			1																			18
第0100登	2022/7/24	束進牌樓	1							1															19
第0101登 / 第0102登	2022/7/25	雙進武嶺 / 西進集*2P	2			2																			20
																								21
第0103登	2022/7/26	地理中心	1			1																			22
第0104登	2022/7/27	地理中心	1			1																			23
第0105登	2022/8/8	地理中心	1		1																				24
第0106登	2022/8/14	地理中心	1		1																				25

——————————————— 超越極限：我的超馬之路

環法 35 天則算是我為自己辦的一場朝聖之旅。我的腳踏車來自法國品牌，法國也是腳踏車的起源地，沒有什麼偉大厲害的動機，就只是這個原因而已：我想帶我的腳踏車回家，也想看一看腳踏車的故鄉與勝地，我想我沒辦法參加環法自行車比賽，那我就自己繞法國一圈吧！然而這 35 天的過程卻一點也不簡單：必須在一個月內確保自己不會受傷；語言不通；飲食、住宿、地形、氣候全都是第一次接觸；每天背約 12 公斤的行李，沒有補給車跟著，每天騎 100 ～ 200 公里，35 天平均每天 150 公里左右。因此除了騎腳踏車本身會遇到的體力、耐力、續航力車子故障排除問題，我還必須克服這些在臺灣從沒接觸過的困難。

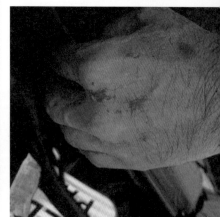

環法時自己背行李，過程中遇到地勢不穩而受傷

總結來說，從 2016 年開始，經過 6 年我完成了武嶺百登，參加 TWB 雙塔可以騎 19 小時 25 分，2018 年獨自一人完成環法一圈，由腳踏車的訓練開始，我的耐力、續航力在日後因而能反映在跑步的訓練上，深究最初的原因，是我對腳踏車的熱情、想要愈騎愈好的企圖心，因之而發的訓練策略，將這樣的模式複製到了跑步這件事上，騎腳踏車是我開始跑步的原動力，騎腳踏車的訓練量也建立了我跑步的能力與能量的累積，把體力、耐力轉換到跑步就會變的比較輕鬆，基底是相同的，只要再抓到跑步的技巧與訣竅就可以了。

環法軌跡圖
📍代表每天的住宿點，也代表每天的終點（晚上結束）與起點（隔天出發）

從最愛的腳踏車引頭，
慢慢讓跑步成為生活中的一部分

我想騎腳踏車與跑步這兩件事在我的人生中是不可分割，相輔相成的。開始騎腳踏車以後，我的肌耐力、心肺能力比起沒在運動的時候大幅提升，跑步一開始是我為了用來訓練騎腳踏車能力而儲備的能量，如同籃球、棒球等各式運動的基礎訓練都經常是跑步一樣，藉此訓練體力。並且，一開始我也是因為冬天騎腳踏車太冷，一年中最冷的那兩個月才轉換成跑步多一點，因此最初對於跑步自然不是太投入，有時候跑有時候沒跑。

然而，當我回首我的運動歷程時，我驚奇的發現，我是在2017 年開始正式騎腳踏車，不過在這的前一年，也就是2016 年 12 月的時候，我的確是首先嘗試了「全馬」。

回頭想來也許是冥冥之中注定的緣分，那時候其實我連什麼半馬全馬的任何概念都是非常模糊的，但因為開始有規律的運動，想要看看自己的體力極限可以到哪裡：騎腳踏車我要騎公路最高點的武嶺、平路最長的雙塔，要去腳踏車的勝地法國，我也想看看跑步最高點在哪邊？這就是我

的企圖心。詢問了朋友之後,在心裡默默想著「42.195 公里到底是怎麼樣呢?有這麼困難嗎?」也沒想更多就這樣自己嘗試練習跑看看,然而,止步 41 公里。但在這接近 7 個小時的練習過程中,我總算了解到什麼是「全馬」,開始摸清楚跑步這件事的形狀。

第一次練習跑全馬

為了進入「三鐵」領域，
跑步從間歇變成不停歇

除了為了騎腳踏車的訓練而跑之外，讓我從間歇跑步轉為持續、有計畫的訓練的緣由是我想進入「三鐵」的領域，也就是必須「腳踏車、游泳、長跑」三者兼備。除了前述提到的騎腳踏車跟跑步，我也在跑步的兩三年後開始游泳，我原本對游泳完全是一竅不通，甚至有點恐懼，去海邊或是游泳池，我通常都是在岸邊的那位，但我也練習到從一開始連頭都不敢進，慢慢嘗試換氣，到現在可以蛙式游泳 1000 公尺……拉回跑步，起先我並沒有專業的訓練，也沒有像其他跑者一樣從參加 5 公里、10 公里的路跑開始，就僅是持續性的自我訓練而已。直到 2018 年，朋友相約報名了 2019 年 1 月 100 公里的「鎮西堡超級馬拉松」，開始了我正式的跑步生涯。

可以說某種程度上完全沒有任何基礎的我，就要直上 100 公里，現在想起來還是覺得難以置信，但我想我是應該感謝當年的我有這樣不知天高地厚的勇氣，因為有這個開始，於是我有了現在。我問朋友「鎮西堡的 100 公里是必須在多久的時間內跑完？」他回答我「14 個小時內完成就可以。」我就心想，「我騎腳踏車都可以騎 20 小時以上，

跑步 14 個小時應該也還可以吧？再不然跑累、跑不動了，就用走的應該沒有問題吧！」（當然事後證明鎮西堡的這 100 公里對那時候還是路跑菜鳥的我來說真的是很痛苦）

然而，雖然只有為期 1 年的訓練，我仍在不服輸的倔強下把這 100 公里跑完了。因為有跑出一點成績，我覺得自己好像愈跑愈有興趣。2019 年同年 11 月完成了臺灣平路最長的冬山河超級馬拉松（約 161 公里），約 21 小時完賽，2020 年完成臺灣跑步賽事中時間最長的臺北超馬 48 小時，之後每年皆有參賽，在 2023 年 2 月的超級馬拉松完賽，我的跑步紀錄來到了 328 公里國家標準，破了第一年參加的 313 公里的紀錄，我認為我達到了四年來的體能高峰，因此參加了紐約 10 日賽（因疫情影響，2022 年僅有 6 日賽，2023 年恢復為 6 日與 10 日皆有），完成 1018 公里，獲得男子組第 3 名。最後希望的終極目標：取得 3100 英里挑戰賽的參賽資格。

因為不甘於平凡，超馬之路從此開始

因為開始跑步的原因太無心插柳，我就好像是誤觸開關，進入了桃花源，所以我一直很難跟別人說清楚這一切的來龍去脈，於是我想透過這次、這本書分享我的跑步之路，我也藉此機會回顧了我最初的心情。

我的職業是飛機維修，這項工作我做超過 25 年，我負責的工作主要是飛機品管，業務還包含了人力調度與安排、飛機的維修量統計預估，我必須準確的預估出當年的工作量、人員的出席狀況，讓工作效能有穩定的輸出。我的公司對於工作的要求最重視嚴謹度、挑戰與創新以及良好品質的理念，這些經歷培養了我對跑步的態度，也影響了跑步在我生命中占有的分量：我喜歡對每件事抽絲剝繭，我的細心讓我的訓練有計畫、有策略，這也是我總是計畫配速、澈底練習、執行的原因，讓我可以把我自身的優點發揮到最大，讓缺點的影響消除到最小。我不想要只是平庸的日常運動而已，不想要只是「有就好了、差不多就好了」，我想要讓我自己在歷史上有紀錄可循。

透過幾場賽事，我慢慢發覺跑步對我來說是可以付出比較少，但獲得還算不錯的成果的一件事──這是跟騎腳踏車

比較出來的，如同前述所説，我 3 月到 11 月主要以騎腳踏車為主，11 月參加完雙塔，接近月底的時候才因為天氣太冷無法騎腳踏車而開始跑步，跑到隔年約 2 月左右。一年之中我有約 9 個月都專注在騎腳踏車，只有約 3 個月的時間在跑步。跑完一次大型比賽我就休息直到我的雙腳完全修復，一有不適就降低訓練的強度，即使先前的訓練會荒廢到必須打掉重練，從頭開始也沒關係，因為我必須確保我的腳是健康無虞的，我才能騎腳踏車、跑步，做各項運動訓練，健康的身體是我的基本盤，休息是最好的投資。然而因為我有策略性的在計畫我的訓練，所以我可以透過精簡的訓練恢復到原本的能力，甚至做更進一步的挑戰，每一年、每一年肌群練起來之後，修復的時間就可以縮短了。這個發現讓投資只想賺不想賠的我開始願意對跑步這件事投入更多，從原本的三成、四成、五成，甚至現在一年中跑步時間已經超過騎腳踏車，最後我就真的喜歡上了跑步這件事。我知道這個前因後果對一般的跑者來説或許是倒果為因，但説出來也不怕別人笑，我想或許我的思考模式與策略方法可以讓更多人有興趣踏入跑步的領域，或是讓陷入撞牆期、以為自己做不到的跑人能有一些不一樣的想法與突破。而這也是我想要帶給現在在讀這本書的每

一個你，我不要求起步快，但要如何後來居上，這是需要有策略的。目前在騎腳踏車的車友如果想要進入跑步的領域也可以參考我的心路歷程，而跑友們想加入騎腳踏車的領域，車友們一定也非常樂見歡迎。

5 年的訓練以來，從第一次臺北超馬 48 小時的完全虛脫、體力耗盡，隔天只能在床上度過一整天，吃飯、睡覺，連滾帶爬的去上廁所，雙腳廢了一個月，到現在我跑到了國家標準，我還在繼續跑、繼續練習、繼續前進，希望在往後 20 年，也就是在我 70 歲的時候，仍維持 300 公里以上的紀錄。我仍有很多不足的地方，但我會就這樣一次又一次的從起跑點出發，踩穩我的每一步，在腦中組織我的藍圖，心懷我準備已久的策略，我不要求快速衝刺、靠非我本身的力量一步登天、一次性的到達顛峰而受傷就此結束。我不會跑完還有一堆體力，這是浪費；但我也不會讓自己跑到掛，跑到超出非我本身能力，我會跑的剛剛好，這就是我設定的目標，而且我執行，因為我不想要就這樣結束，因為我喜歡跑步，我真誠的希望跑步這件事可以長久的存在我的生活中。因此我會有計畫的維持我的基本盤，一年一年慢慢疊加上去之後，到達顛峰後往下，但仍可以守住底盤，直到跑步生涯結束的那一天。我也不知道什麼時候會跑到我的顛峰，然後慢慢的再也跑不動，可是

在那之前，我想用盡我的時間與力氣，不斷的訓練、嘗試、起跑——這是我為自己的人生辦的比賽。在這過程中，我也想分享我從中獲得的一點心得給喜歡跑步的你，希望能對你有所助益，一起快樂的在跑步之路上完成夢想。

我沒有專業團隊，沒有人幫我或給我提示，自律的當起教練兼球員。所以我相信每個想要跑步的人也都可以，即使你在今天以前都沒有跑步的習慣，即使你跟我一樣赤手空拳、手無寸鐵，但我相信你也可以跟我一樣達成自己設定的目標，最終了解跑步這件事不是埋著頭一直跑一直跑就好，而是在跑步的過程中你可以了解到該怎麼跑：天氣、溫度、溼度影響裝備的選用；上坡和下坡絕對不是跑到累為止就好；順風、逆風有不同的跑步計畫與方法；過彎減速可以減緩肌群的壓力；掌控離心力的影響就不會受傷。我認為跑步絕對不是腦袋空空，只要有堅持與毅力就好，跑步的時候我的腦袋沒有停止計算，因為如此我在與對手交鋒的時候我可以有瞬間的判斷力：我現在該超過他或是先保留體力。我從不相信無意義的累積，我相信天時地利人和的奇蹟，但當每個人都同時擁有奇蹟降臨的好運氣時，我確信我是可以剛好站在那裡的人，因為我有企圖心、我有策略。當「砰」的開始聲響起，我們一起出發，跑出屬於自己路線，從而知道為什麼我們要跑步，然後最後，我們一起終點見！

02

跑道上的重要時刻

鎮西堡 100 公里超級馬拉松

因緣際會下，與好友一起啟程

如同第一章所說，我並沒有半馬、全馬，甚至 50 公里以下的超馬比賽經驗，就直接挑戰了 100 公里的鎮西堡超級馬拉松，然而，會跑鎮西堡超馬也並非刻意為之。當時一起騎腳踏車的車友，同時也是有時會一起跑步的好友邀約我報名 2019 年的鎮西堡超級馬拉松，我也想說可以嘗試看看，就是這麼簡單的原因，讓我一腳跨進了跑步，甚至超馬的世界。

首次比賽前的摸索，
找出適合自己專屬路線

鎮西堡是山路地形，在此之前我練習都是跑平路，因此我在比賽前有去中和烘爐地練跑山路，自我規畫訓練課程。實際上上下下來回的跑過後，我感覺到山路與平路極大的差異：那就是上下的跑法會讓膝蓋的負擔變大。因此我需要把肌耐力練起來，才不會讓膝蓋的負荷這麼大甚至受傷，以及與身邊的跑友討論後，我領悟到保護膝蓋對於跑山路地形的重要，這是我練習過程中最重視的部分（之後不論參加任何賽事或練習也是如此，我首先最重視的就是保護好我的身體，因為我認為只有健全的身體，才能跑得更長久），因此我也添購了護膝。

因為先前沒有過這樣的練習，所以我在山路跑步的時候速度都盡量放慢，到幾乎是快走、頂多比快走再快一點的程度，即使有跑，也維持很慢的速度推進，有陡坡我也不跑。我會算好配速，在陡坡時幾乎是用走的，緩坡的時候稍微加快速度，平路的時候才快跑。鎮西堡的路線並非全是往上，會有往上、往下的地形，因此我會計算往上或往下跑要跑的時間，例如：在相同的坡度與距離的情況下，往上跑可能是 15 分鐘，往下跑可能就只需要 10 分鐘，兩個加

起來平均可能就是 12 分鐘半左右，下坡的時候把落後不足的配速補回來，上坡的時候依據地形做不同的調整，類似這樣的配速計畫（有關我詳細的配速計畫，在後續的章節也會再做說明）。這也是我第一次參加鎮西堡比賽得到的深刻體會：有利、比較輕鬆的地形就努力跑，不利的地形就用最慢的速度跑，甚至慢走，也就是利用地形來跑步，熟悉地形是非常重要的，在適當的位置做不一樣適合的配速，跑步或休息，可以避免效率降低或是浪費體力的狀況發生。在鎮西堡的比賽中，去程前 50 公里緩坡大約占一半 50%，下坡占 30%，陡坡和平路各占 10%，平路不多，所以遇到平路的時候一定要跑，不能休息，要休息的話可以選擇陡坡的時候，在這裡做緩和、調整。因為總共 100 公里的鎮西堡馬拉松在 50 公里是折返點，因此回程的坡度占比就跟以上說明的去程顛倒，回程是緩下坡居多會比較輕鬆的。我認為一定得要做這樣的搭配，絕對不可以平路也跑、陡坡也跑，下坡反而跑不動，需要常休息用走的，這樣對我而言無計畫的跑步無法進步、也會讓完賽難上加難。不過要特別注意的是，下坡有時也會有緩坡，如果跑步的時間已經拉的很長，那這時候也可以選擇稍作休息，趁這時候調節體力、調整配速。另外，天氣因素也是非常重要、需要考量進去的，溫度、日照、溼度、雨勢都會影響跑步的狀況，因此要在清晨或下午比較陰涼天候配速加快，並盡量選擇比較陰涼的位置跑。在練習時，也可以先

去比賽場地場勘，觀察、熟悉地形，是否有截彎取直最短的路，搭配賽事路線，找到最適合自己的路線，例如：幾點的時候大概會跑在哪個位置，那這時候哪個地方比較陰涼、舒服，那就可以往那邊跑；確認哪個路段是比較好跑的，因為有些路段可能是柏油路、有些是砂石路、有些是崎嶇不平的路，一定要選擇平緩、好踏的路，這些都是在比賽前必須先準備好的。因此在鎮西堡比賽前，我除了烘爐地的山路練習之外，我也實際到鎮西堡的比賽場地去繞了一圈，熟悉所有的地形跟坡度。

然而，因為參加前練習、準備時間約只有不到半年，其實我練習時最多跑不到 50 公里，但實際比賽卻要跑 100 公里，跟練習時相距甚遠。而我也是透過這次的經驗改變我往後的訓練方式以及對自我的要求，在之後的各項賽前練習，我的跑步量一定跟實際賽事的距離、強度要更接近，例如跑 100 公里，那我練習時要至少跑到 70、80 公里，剩下 20 公里做延展，不然若只有跑到一半，剩下的 50 公里其實變數仍然太多。而像 48 小時這種距離比較長的超級馬拉松，練習前期我一定至少練到 12 ～ 16 小時，接近比賽前，練到 24 小時以上。練習量與實際比賽愈接近，無法掌控的變數就可以降到愈低，完賽的機會也就可以提高了。

比賽時絕對不是埋頭苦「跑」，
顛覆思考的第一次賽事

在比賽中，我把跑步的總距離區分成前後兩段，前半段的數算是遞增的，後半段則是用倒數的，例如：前半段是「已經」跑了 30、40 公里，後半段則是「剩下」20 公里、「最後」10 公里，這樣在心理上才不會覺得很累、沒有盡頭的感覺，並且可以以此激勵自己，告訴自己「已經進入最後階段」、「就快完成了」、「如果在這時候放棄就太可惜了」，讓自己撐完。我也會在這時候搭配剩下的距離和時間，重新做配速調整，如果預估自己後半段的時間所剩不多，就必須減少休息時間；剩下的距離如果有在預期中、有確實的持續推進，我才可以稍作休息，依照這樣的方式，才可以確實的把完賽時間掌握在自己的手中。鎮西堡的整個路線中有再分數個補給站，回程每個補給站有設定關門時間，所以我必須計算好自己在各個補給站關門前衝刺抵達，控制自己最晚至少必須在關門前 2、3 分鐘前通過，盡量把休息時間放在過了各個補給站之後，因為那時候我練習時間大約只有半年，肌群、肌耐力都還不夠，所以這也是我在這第一次的賽事中覺得最困難的地方。但我很願意接受這樣的挑戰，我在賽前也盡我所能把可以準備的事情做好，包括場勘、地形、天氣考量，以及關門時間的配

速計算，參考他人的經驗結合自己觀察地形的結果，把所有會影響的狀況的考量、納入：除了前述所說上下坡的跑法，還有順風的時候跑，逆風的時候不跑；太陽出來的時候休息，沒太陽的時候再加快，補足速度不夠的地方，確保自己可以在關門前通過補給站，最終鎮西堡總共 14 小時的賽程，我跑了 13 小時 56 分多。在這次比賽中我也感受到了正式比賽的嚴謹，因為在練習時隨時可以輕易放棄，且因為練習時的時間、距離都不太可能跟正式比賽時一樣，所以要如何透過練習量讓自己在正式比賽中可以順利跑完，延展距離與時間，都是必須做好的功課。

另外，鎮西堡在 25 公里、40 公里、50 公里都各有一個折返點，所以如果預估自己無法跑完全程 100 公里，可以選擇在 40 公里折返，工作人員會登記變為 80 公里組，仍然會有完賽成績，這樣是沒問題的。我在跑過 40 公里的時候覺得自己體力還可以，也還有時間，評估大概有 7 成的機率可以完賽，跟預計的配速計畫也差不多，增強了我的信心，因此決定繼續衝，最後的結果的確是剛好完賽，跟我預估的相同。但其實這當下抉擇的時候我的心情是非常

猶豫的，因為如果不在 40 公里折返，但最後也沒有跑完，這樣是沒有完賽成績的，風險很高。而這也是我在這次比賽中印象最深刻的一件事，最後我決定放手一搏，與其降為 80 公里組，下次再來挑戰 100 公里完賽，如果成功了就可以一次完成我的心願。

雖然我之後就沒有再參加鎮西堡，因為我覺得山路太傷膝蓋，冬山河、紐約十日賽的繞圈都是平路，所以我也沒有再戴護膝，除了因為肌群有練起來，也是因為比賽多是平路地形，並不會有太大負擔，只要用有安全氣囊的鞋子來保護腳就可以。我的速度比較慢，但可以長距離，透過這樣來保護我的膝蓋，但這次的比賽經驗因為是第一次參賽，仍對我後續的跑步規畫影響深遠，如果之後有機會完成3100 英里的挑戰，或許我會再想回來繼續嘗試山路的跑步。

2019 年鎮西堡超級馬拉松

冬山河 100 英里超級馬拉松

接續挑戰，永不停歇的勇往直前

因為朋友的邀約因緣際會下完成了我的第 1 場超級馬拉松比賽——鎮西堡 100 公里超級馬拉松後，接著我就想挑戰更困難的比賽，因此低於 100 公里較短距離的比賽我也無意參加，過了幾個月後，向朋友打聽到了冬山河超馬，這個更具挑戰性的比賽燃起了我的熱情，這是我的第 2 場超級馬拉松。

鎮西堡的比賽讓我深深的感受到了山路地形所需的強大肌耐力，因為當時訓練量還不足，也沒有太多時間練習，不想繼續造成身體過多的負擔，而冬山河的賽事路線是繞圈的模式，不同於鎮西堡超馬是高低不同的地形，也比較接近我平常練習的平路跑步。經過了鎮西堡比賽需要背自己所需的裝備、補給的食物與隨身物品，因為補給站不一定能滿足每個人所需、經過的補給站點都不同、分析地勢的高低，以及每個時間點天候都不一樣的經驗，我覺得繞圈相較起來比較單純，也就是在同樣的場地不斷的繞到 100

英里即可，另外，繞圈就可以不必背太多裝備或食物，因為1～2小時就可以回到原點，在這部分是比較輕鬆的，就是按著固定的路線跑，有固定的補給站可以做補給。那時候的我想既然完成了100公里的鎮西堡馬拉松，那100英里應該也沒問題；而以時限上來說，鎮西堡是14個小時，冬山河是23個小時——這個部分我是有經過演算的——如果我可以花14個小時跑100公里，就只要再花9小時跑61公里，後面就算用走的也可以走完，我覺得是划算的、可以達成的，而且也不是山路，因此就鼓起勇氣挑戰了冬山河超馬。因為想挑戰更困難的賽事，如同鎮西堡我直接挑戰了100公里組，冬山河的比賽我也是選擇了最高等級100英里，也就是將近161公里，是目前國內舉辦賽事中，以有認證來說，平路最遠距離的比賽。

感謝秋哥在我第一次參加鎮西堡時提點我「要平穩的跑」以及配速，
是我生命中的貴人，後我們一起參加冬山河超馬

我的練習心法：
向外觀察環境，向內維持體力

因為山路和平路地形的不同，對於冬山河比賽的練習與準備自然就跟鎮西堡有非常大的差異。鎮西堡的路線需要根據高低起伏的地勢做不同的配速，平路的冬山河就單純很多，甚至順逆風也不會有太大影響。因此我在作冬山河比賽的練習時，我計算了時限 23 小時除以 161 公里的均速。前 80 公里我會跑的比均速快 10 ～ 20 秒左右，後 80 公里可能就慢 10 ～ 20 秒，因此，我的初速與最末速會控制在一分鐘以內的差距。我的觀念是，如果剛開始就一下跑得很快，那體力也會隨之快速的消耗，甚至耗盡，因此我選擇穩穩的跑，維持在差不多的速度，不要偏離、太快或太慢，就可以跑的持久。

因為冬山河的賽事時間比較長，幾乎是人一天 24 小時的時間了，所以是違背一般人的生理時鐘的，會經過我們一般生活作息吃飯、睡覺的時間，這 23 個小時會經歷的是：從晚上 9 點的黑夜開始跑，到凌晨、中午烈日當空、傍晚夕陽西下，到晚上太陽下山的 8 點結束。這是跟其他比賽很不同的，所以想要完成冬山河超馬訓練量非常高，考驗著參賽者的耐力與續航力。因此我想建議有志參加冬

山河超馬的跑友們：一開始一定會因為體力好而跑得快，但如果因此先消耗太多體力，到中午太陽曝晒的時候就會跑不動了，另外，因為是熬夜跑步，所以到天亮前隨時可能想睡覺，基於以上情況，除了要做好配速以外，也建議練習時實際作個幾次時間上的模擬。我在賽前是有做過幾次從晚上下班後跑到太陽出來的模擬（可以模擬疲累的感覺），透過幾次的練習，確保自己在晚上仍可以保持高效率的輸出，不會有想睡覺的狀況發生，腳步不會慢下來，維持我理想中規畫的配速。而這也要歸功於我騎腳踏車的經驗，把騎腳踏車的練習模式、累積的能力轉換到跑步上，因為雙塔 24 小時就是晚上 12 點從富貴角出發的，培養了我可以跨夜、不睡覺的能力與續航力。冬山河 100 英里超馬需要有平穩的配速，讓自己保持在輕鬆模式之下。我自己在練習的時候不管是跑多少公里，絕對不會因為想衝快速度而跑到疲倦或是身體不舒服的狀態，因為這對正式的比賽沒有太大的幫助，我的心態是，重點不是在多少時間練跑多長的距離，而是要去練習可以從頭到尾都輕鬆跑並且完賽的配速，不要在正式比賽時跑到一半時就開始體力不支，這樣是無法完賽的。想辦法在跑到一半，也就是以冬山河賽事來说在 80 公里時體力不要耗損超過一半，這是我認為最關鍵的，因為不管前面跑多快想在後半部多休息、甚至用走的，預留的時間絕對都是不夠的，如果在前半部體力就耗掉超過一半，那後半段會跑的很辛苦。

在每次練習與比賽中不斷進化，
感謝自己也感謝身邊的支持

第一次跑完冬山河 161 公里後，我覺得自己相較於鎮西堡之後又進化了，有幸能一次就挑戰成功，且比自己原先預估的 22 小時 40 分跑完，我在 21 小時多就完成，是比我想像中更好的成績。我覺得這可以歸功於配速的規畫，且剛好當天的狀態真的可以執行這樣的規畫，也就是前半段消耗六成以下的體力，靠著修復恢復到五成的體力，以致於後半段我要開始降速的時候，反而覺得自己還有比想像中更多的體力，所以後面的 80 公里我不是減速反而是開始加速。總而言之，只要在有規畫好配速的前提下，我只要維持配速就一定可以通過比賽，後半段就算降速，仍在預期中，所以可以勉強完賽，而我可以加速表示當天的身體狀況很好，訓練量也足夠，能比預期中更快跑完的結果是我沒有料想到的，也算是意外的驚喜。當然這也算是當時我的極限了，從原本鎮西堡的 100 公里延展到 161 公里，且要 24 小時不斷電的跑，完成的當下我是趴在地上一動也不想動，但完賽那瞬間的感動是無法言喻的，心中也對跑團及身邊所有支持的力量充滿感謝。愛跑者協會在我練習時經常為我加油，成為我精神上的支柱，以及在社群上各種鼓勵的訊息，當我在練習過程中碰到撞牆期，我就會

回頭看看手機上的這些支持我的朋友的留言，讓我有動力繼續堅持下去。每一句鼓勵的話，或是默默為我加油的朋友，這些看似無形但對我來說非常寶貴。

身邊親朋好友的支持

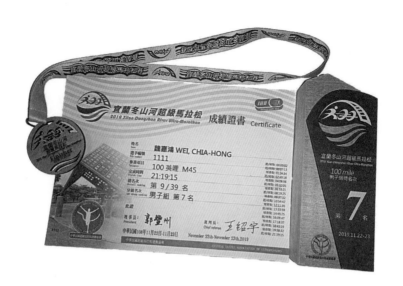

在雨中也要繼續前行，
努力對抗天候的冬山河超馬

我總共參加了二次冬山河的賽事，其中，我印象最深刻的是第二次參加冬山河超馬時淋了 18 個小時的雨，天候也是我認為想順利完賽相當困難的因素。從開始到結束，衣服經歷了乾變溼，溼了變乾又溼，這是我跑步經驗中很難得遇見的狀況，因為我從來不在雨天跑步的，就是因為這樣，裝備與經驗不足，原本我這次的目標是想跑在 20 個小時以內，結果最終比第一次跑慢了一個小時，甚至差一點無法完賽，跑到最後腳也起水泡，但天候在比賽中無法預測也沒得選擇，所以至少能做的就是把裝備備齊，下雨天能防水防雨。

宜蘭冬山河 160 公里 23 小時完賽配速表

1 到 50K　▲每 2.5K 進大會補給區　▲每 5K 進終點上廁所，回車上拿私人補給品

里程	配速	均速	總時間	時間	里程	配速	均速	總時間	時間
1.9K	0:14:40	0:07:20	0:14:40	21:14:40	26K	0:07:30	0:08:04	3:38:00	0:38:00
2K	0:07:20	0:07:20	0:22:00	21:22:00	27K	0:07:30	0:08:03	3:45:30	0:45:30
3K	0:08:30	0:07:37	0:30:30	21:30:30	28K	0:08:40	0:08:04	3:54:10	0:54:10
4K	0:07:20	0:07:34	0:37:50	21:37:50	29K	0:07:30	0:08:03	4:01:40	1:01:40
5K	0:10:00	0:07:58	0:47:50	21:47:50	30K	0:10:00	0:08:07	4:11:40	1:11:40
6K	0:07:20	0:07:53	0:55:10	21:55:10	31K	0:07:30	0:08:06	4:19:10	1:19:10
7K	0:07:20	0:07:49	1:02:30	22:02:30	32K	0:07:30	0:08:05	4:26:40	1:26:40
8K	0:08:30	0:07:53	1:11:00	22:11:00	33K	0:08:40	0:08:06	4:35:20	1:35:20
9K	0:07:20	0:07:50	1:18:20	22:18:20	34K	0:07:30	0:08:05	4:42:50	1:42:50
10K	0:10:00	0:08:02	1:28:20	22:28:20	35K	0:10:00	0:08:08	4:52:50	1:52:50
11K	0:07:20	0:07:58	1:35:40	22:35:40	36K	0:07:30	0:08:07	5:00:20	2:00:20
12K	0:07:20	0:07:55	1:43:00	22:43:00	37K	0:07:30	0:08:06	5:07:50	2:07:50
13K	0:08:30	0:07:58	1:5130	22:51:30	38K	0:08:40	0:08:07	5:16:30	2:16:30
14K	0:07:20	0:07:55	1:58:50	22:58:50	39K	0:07:30	0:08:06	5:24:00	2:24:00
15K	0:10:00	0:08:03	2:08:50	23:08:50	40K	0:10:00	0:08:08	5:34:00	2:34:00
16K	0:07:20	0:08:01	2:16:10	23:16:10	41K	0:07:40	0:08:08	5:41:40	2:41:40
17K	0:07:20	0:07:58	2:23:30	23:23:30	42K	0:07:40	0:08:07	5:49:20	2:49:20
18K	0:08:30	0:08:00	2:32:00	23:32:00	43K	0:08:50	0:08:08	5:58:10	2:58:10
19K	0:07:20	0:07:58	2:39:20	23:39:20	44K	0:07:40	0:08:08	6:05:50	3:05:50
20K	0:10:00	0:08:04	2:49:20	23:49:20	45K	0:10:00	0:08:10	6:15:50	3:15:50
21K	0:07:30	0:08:02	2:56:50	23:56:50	46K	0:07:40	0:08:10	6:23:30	3:23:30
22K	0:07:30	0:08:01	3:04:20	0:04:20	47K	0:07:40	0:08:09	6:31:10	3:31:10
23K	0:08:40	0:08:02	3:13:00	0:13:00	48K	0:08:50	0:08:10	6:40:00	3:40:00
24K	0:07:30	0:08:01	3:20:30	0:20:30	49K	0:07:40	0:08:09	6:47:40	3:47:40
25K	0:10:00	0:08:06	3:30:30	0:30:30	50K	0:10:00	0:08:11	6:57:40	3:57:40

51 到 100K

里程	配速	均速	總時間	時間	里程	配速	均速	總時間	時間
51K	0:07:40	0:08:11	7:05:20	4:05:20	76K	0:07:50	0:08:16	10:36:10	7:36:10
52K	0:07:40	0:08:10	7:13:00	4:13:00	77K	0:07:50	0:08:15	10:44:00	7:44:00
53K	0:08:50	0:08:11	7:21:50	4:21:50	78K	0:08:50	0:08:16	10:52:50	7:52:50
54K	0:07:40	0:08:10	7:29:30	4:29:30	79K	0:07:50	0:08:15	11:00:40	8:00:40
55K	0:10:00	0:08:12	7:39:30	4:39:30	80K	0:10:00	0:08:17	11:10:40	8:10:40
56K	0:07:40	0:08:12	7:47:10	4:47:10	81K	0:08:00	0:08:17	11:18:40	8:18:40
57K	0:07:40	0:08:11	7:54:50	4:54:50	82K	0:08:00	0:08:16	11:26:40	8:26:40
58K	0:08:50	0:08:12	8:03:40	5:03:40	83K	0:09:00	0:08:17	11:35:40	8:35:40
59K	0:07:40	0:08:11	8:11:20	5:11:20	84K	0:08:00	0:08:17	11:43:40	8:43:40
60K	0:10:00	0:08:13	8:21:20	5:21:20	85K	0:10:00	0:08:18	11:53:40	8:53:40
61K	0:07:50	0:08:13	8:29:10	5:29:10	86K	0:08:00	0:08:18	12:01:40	9:01:40
62K	0:07:50	0:08:12	8:37:00	5:37:00	87K	0:08:00	0:08:18	12:09:40	9:09:40
63K	0:08:50	0:08:13	8:45:50	5:45:50	88K	0:09:00	0:08:18	12:18:40	9:18:40
64K	0:07:50	0:08:13	8:53:40	5:53:40	89K	0:08:00	0:08:18	12:26:40	9:26:40
65K	0:10:00	0:08:14	9:03:40	6:03:40	90K	0:10:00	0:08:19	12:36:40	9:36:40
66K	0:07:50	0:08:14	9:11:30	6:11:30	91K	0:08:00	0:08:19	12:44:40	9:44:40
67K	0:07:50	0:08:14	9:19:20	6:19:20	92K	0:08:00	0:08:18	12:52:40	9:52:40
68K	0:08:50	0:08:14	9:28:10	6:28:10	93K	0:09:00	0:08:19	13:01:40	10:01:40
69K	0:07:50	0:08:14	9:36:00	6:36:00	94K	0:08:00	0:08:19	13:09:40	10:09:40
70K	0:10:00	0:08:15	9:46:00	6:46:00	95K	0:10:00	0:08:20	13:19:40	10:19:40
71K	0:07:50	0:08:15	9:53:50	6:53:50	96K	0:08:00	0:08:20	13:27:40	10:27:40
72K	0:07:50	0:08:15	10:01:40	7:01:40	97K	0:08:00	0:08:19	13:35:40	10:35:40
73K	0:08:50	0:08:15	10:10:30	7:10:30	98K	0:09:00	0:08:20	13:44:40	10:44:40
74K	0:07:50	0:08:15	10:18:20	7:18:20	99K	0:08:00	0:08:20	13:52:40	10:52:40
75K	0:10:00	0:08:16	10:28:20	7:28:20	100K	0:10:00	0:08:21	14:02:40	11:02:40

101 到 160K

里程	配速	均速	總時間	時間	里程	配速	均速	總時間	時間
101K	0:08:10	0:08:20	14:10:50	11:10:50	131K	0:08:20	0:08:27	18:34:20	15:34:20
102K	0:08:10	0:08:20	14:19:00	11:19:00	132K	0:08:20	0:08:26	18:42:40	15:42:40
103K	0:09:10	0:08:21	14:28:10	11:28:10	133K	0:09:20	0:08:27	18:52:00	15:52:00
104K	0:08:10	0:08:21	14:36:20	11:36:20	134K	0:08:20	0:08:27	19:00:20	16:00:20
105K	0:10:00	0:08:22	14:46:20	11:46:20	135K	0:10:00	0:08:28	19:10:20	16:10:20
106K	0:08:10	0:08:22	14:54:30	11:54:30	136K	0:08:20	0:08:27	19:18:40	16:1B:40
107K	0:08:10	0:08:21	15:02:40	12:02:40	137K	0:08:20	0:0827	19:27:00	16:27:00
108K	0:09:10	0:08:22	15:11:50	12:11:50	138K	0:09:20	0:08:28	19:36:20	16:36:20
109K	0:08:10	0:08:22	15:20:00	12:20:00	139K	0:08:20	0:08:28	19:44:40	16:44:40
110K	0:10:00	0:08:23	15:30:00	12:30:00	140K	0:10:00	0:08:28	19:54:40	16:54:40
111K	0:08:10	0:08:23	15:38:10	12:38:10	141K	0:08:25	0:08:28	20:03:05	17:03:05
112K	0:08:10	0:08:22	15:46:20	12:46:20	42K	0:08:25	0:0828	20:11:30	17:11:30
113K	0:09:10	0:08:23	15:55:30	12:55:30	143K	0:09:30	0:08:29	20:21:00	17:21:00
114K	0:08:10	0:08:23	16:03:40	13:03:40	44K	0:08:25	0:08:29	20:29:25	17:29:25
115K	0:10:00	0:08:24	16:13:40	13:13:40	145K	0:10:00	0:08:29	20:39:25	17:39:25
116K	0:08:10	0:08:24	16:21:50	13:21:50	46K	0:08:25	0:08:29	20:47:50	17:47:50
117K	0:08:10	0:08:23	16:30:00	13:30:00	147K	0:08:25	0:08:29	20:56:15	17:56:15
118K	0:09:10	0:08:24	16:39:10	13:39:10	148K	0:09:30	0:08:30	21:05:45	18:05:45
119K	0:08:10	0:08:24	16:47:20	13:47:20	149K	0:08:25	0:08:30	21:14:10	18:14:10
120K	0:10:00	0:08:24	16:57:20	13:57:20	150K	0:10:00	0:08:30	21:24:10	18:24:10
121K	0:08:20	0:08:24	17:05:40	14:05:40	151K	0:08:25	0:08:30	21:32:35	18:32:35
122K	0:08:20	0:08:24	17:14:00	14:14:00	153K	0:09:30	0:08:31	21:50:30	18:50:30
123K	0:09:20	0:08:25	17:23:20	14:23:20	155K	0:10:00	0:08:31	22:08:55	19:08:55
124K	0:08:20	0:08:25	17:31:40	14:31:40	157K	0:08:25	0:08:31	22:25:45	19:25:45
125K	0:10:00	0:08:26	17:41:40	14:41:40	159K	0:12:55	0:08:33	22:47:05	19:47:05
126K	0:08:20	0:08:26	17:50:00	14:50:00	152K	0:08:25	0:08:30	21:41:00	18:41:00
127K	0:08:20	0:08:25	17:58:20	14:5B:20	154K	0:08:25	0:08:31	21:58:55	18:58:55
128K	0:09:20	0:08:26	18:07:40	15:07:40	156K	0:08:25	0:08:31	22:17:20	19:17:20
129K	0:08:20	0:08:26	18:16:00	15:16:00	158K	0:08:25	0:08:31	22:34:10	19:34:10
130K	0:10:00	0:08:27	18:26:00	15:26:00	160K	0:12:55	0:08:34	23:00:00	20:00:00

臺北 48 小時超級馬拉松

了解比賽的特色與自己的優勢，就勇敢的放手一搏吧

因為在 2019 年初跟接近年底分別完成了鎮西堡 100 公里以及冬山河 100 英里的超級馬拉松比賽，鎮西堡我是差一點剛好過關，冬山河則是跑進了前 10 名，激勵了我，也讓我發覺自己是適合長距離跑步，亦有跨夜，以及騎腳踏車培養出的耐力及續航力。由此我發現了自己的專長：愈長距離或是時間愈久的比賽，對我來説愈有優勢。因此我就思考著參加 48 小時超馬，時間再延伸一倍，是否可以拿到更好的成績，同時想挑戰自己的極限，在跑步這個領域持續的再往前。冬山河 100 英里比賽若是沒有在 23 個小時內完賽是沒有成績的，48 小時就不一樣了，它沒有距離的限制，因此不管跑了多少都可以計入成績，我想冬山河我可以在 21 小時多完成 161 公里，那再延伸到 48 小時，就算最糟的狀況後面用走的，説不定也可以跑到 300 公里。因為是第一次參賽，所以我給自己的目標也就是累了就睡覺，再不濟就是用走的撐完 48 小時，抱持著這樣的想法，其實我心中並沒有太大的擔憂，勇敢的報名了臺北 48 小時超級馬拉松。

最慢的配速規畫，
卻在比賽時迎來突破的驚喜

在 2020 年時國家標準是 300 公里，因此我第一次參賽的練習時也是以 300 公里為目標，以 300 公里以上的配速來做練習，整個練習也是圍繞在配速的規畫與執行。我把這 48 小時分成各 12 小時的 4 個階段，每個 12 小時也會再細分各 6 個小時去做配速的規畫，用最輕鬆、我能力範圍內、不會累的跑法，最後定下每個小時要跑的速度。將時間分成前後各 24 小時，因為體力會耗損，前半部分會設定多跑一點，也就是 155 公里，後半部分跑 145 公里，而練習時的強度一定要比比賽時高，所以我會在練習時練到 24 小時跑 160 公里，讓後面不可掌握的因素盡量縮小，如此一來只要前半段的配速有在我的掌控中，後半段只要有體力就可以完成我想要的目標，所以設定好配速，練習到一定的距離之後，我就有信心跟把握可以完成。實際比賽時，因為想爭取第 5 名，在競爭之下，讓我跑的距離又延展出了 13 公里，跑完時當然是耗盡體力，跑到了我當時的極限。這個 313 公里的成績，我也花了 3 年，也就是到 2023 年我才以 328 公里的成績來突破。

勝負操之在己，
也在想贏的信念

臺北 48 小時超級馬拉松的特色
在於，這 48 小時你要不要跑、
你要怎麼跑，要不要休息、睡
覺、吃飯，決定權都在你手上，
因此當你在休息的時候可能別
人都還在跑；當你在睡覺的時
候，別人可能都還在奮鬥；當
你跑的時候，別人可能還跑得
比你快。但人的體力都是有極
限的，不睡覺還勉強可以，但
不吃不喝是不太可能的，因此
要吃什麼、要喝什麼，要怎麼
補給，這些都會影響到最後的
成績。跑的久、跑得快容易疲
倦；但太過輕鬆的跑、休息太
久，成績就可能不是很理想，
於是這衡量就全操之在己，視
練習量、配速、體能狀況都會
有所差異。所以這 48 小時從開

臺北 48 小時超級
馬拉松補給品

賽到結束的 3 天 2 夜，比的是訓練，比的是節奏，比的是補給，比的是配速，以及對天候的掌握度。

臺北 48 小時超級馬拉松最困難的是在第 2 天晚上。第 1 天是從下午 3 點開始跑，大部分的人體力都還很好，也還很興奮，有活力，不睡覺熬夜跑都可以，但到第 2 天的晚上，就會開始筋疲力盡，也可能腳受傷或跑不動，所以從第 2 天晚上可以撐到隔天完賽的人是少之又少，可以不休息、不睡覺的人更是寥寥無幾。對我來說最困難的也就是夜間、跨夜的跑步。

凝聚所有人的祝福，
邁向自己的顛峰

2019 年到 2020 這一年之中，我從鎮西堡的 100 公里、冬山河的 161 公里，到臺北 48 小時的 313 公里，快速的成長與成績，讓我深深的感受到人的體能是沒有極限的，端看如何去發揮與練習，設定好想要的成績，就會有所目標。有了目標之後，去練習與規畫，這是完成比賽的重要因素。而這些練習與規畫首先必須了解自己，分析自己的數據，衡量自己的能力範圍，找到適合自己的訓練方式，最後下定決心，堅持執行，才有完賽的機會，這靠的是毅力與不放棄，因為光是練習經常一次就是 10、20 個小時，100 公里起跳，這絕對不輕鬆，必須有強大的意志力、必須放棄平日的休閒，犧牲其他的時間，但也因此，造就了不平凡。在我報名 48 小時超馬時，我剛加入愛跑者不久，那時候對跑步不是非常有信心、興趣，只是抱著想完成比賽的心情而已，並且，那時的訓練量與跑量也都不足，剛好那時有朋友介紹我加入愛跑者，我很喜歡也覺得愛跑者的氛圍很適合我，於是就加入了愛跑者。我是愛跑者第一位參加 48 小時超馬的選手，過程中雙方其實對於 48 小時都很陌生，但因為有共同的努力，3 天 2 夜的比賽都有愛跑者的到場支持，包含送補給的飲食，以及不斷的鼓勵，

跑團真的給我很大的信心與力
量。最後一晚筋疲力盡時，打開
手機都還有許多訊息為我加油，
讓我得以堅持下去；最後在與日
本選手競爭時，跑團包含幹部的
許多人都到場，當下我心中充滿
感動，下定決心一定要守住這第
5名。這個成績在我的人生中是
非常重要的時刻，我也很榮幸可
以把這個榮耀分享給愛跑者。

2020 年第一次參加臺北 48 小時超級馬拉松

臺北 48 小時超馬是我會持續參加的比賽，目前的規畫是希望能在未來 15 年內都能跑在 300 公里以上。目前我總共參加了 5 次比賽，除了第 2 年因為腳傷只跑了 200 多公里，其餘 4 年都有跑在 300 公里以上，我希望能維持這個能力。2023 年我跑到了國家標準 328 公里，2024 年成績 336 公里，因此更理想的是希望在我體力下滑之前，都能維持這個里程數，當然若是可以破自己的紀錄，每年比前一年的自己好就更好了。至於配速規畫方面，若是當年我依照自己的配速規畫跑完是很累的，那我隔年就會維持相同的配速，直到自己跑完是很輕鬆的，再下一年我才會調整更快的配速。我不求多，每年可以進步 3～5 公里，10 年後就可以增加至少 30 公里，也希望那時候我可以跑到國際標準 369 公里以及破國家紀錄 384 公里，這是我的目標。我也不求快，我不會想要一步登天，而是慢慢的累積，慢慢的成長，在我的體能極限內慢慢的增加訓練量，以不受傷為首要，逐步建立我的超馬能量。

紐約超馬 10 日賽

最終目標的前哨站，
排除萬能只為挑戰極限

完成 48 小時超馬之後，我開始將眼光放遠國際，我的終極目標是參加 3100 英里 52 天的超馬。而想要取得 3100 英里 52 天超馬的參賽資格，就是必須在紐約 10 日賽跑超過 1000 公里以上的成績，當然這僅是符合資格而已，也不一定會被邀請，必須成績非常突出，或是連續好幾屆都維持這樣的成績，才有機會被邀請，當然也可以自己去申請報名，只是我希望自己是在準備好的狀態下才參賽，因此我想把 10 日賽當作訓練，看看自己的極限離 3100 英里超馬還有多少，最終挑戰 3100 英里超馬。

我在 2023 年第一次參加紐約超馬 10 日賽，但其實在前一年 3 月我就已經很想參加，2022 年因為新冠肺炎疫情的關係只有舉辦 6 日賽，但因為 4 月就要比賽了，考量到整個賽程前後加上往返的時間至少要半個月，以及當時入出

國還需要隔離 10 天，實在不好臨時請這麼多天的假，加上當時已經與公司的長官約好參加三鐵接力比賽，因而作罷。但當時就下定決心，隔年一定要排除萬難參加紐約 10日賽。很慶幸到 2023 年時疫情已趨緩，入出國已不須再隔離。

萬全的準備只為拿出最好的表現

以往我並沒有進行過這麼長時間的練習，通常我都是跑個1、2天，就讓身體休息到完全恢復，最多只有模擬48小時賽事的3天2夜而已。為了參加10日賽，首先我分兩階段，把練習天數拉長，讓自己習慣從3天延展到可以連續跑10天。第一階段我的目標是10天每天跑半馬到全馬，上班日我一下班約6點會跑到10點，有時候跑到12點再回家睡覺，早上6點接著準備上班，其中的3天休假一定是跑100公里以上，第一次的10天練習總共跑了約550公里，平均每天跑55公里左右，這時候還沒有給自己太大的壓力。到了第二階段把跑量提高，下班後一定跑6個小時以上，跑到42公里全馬，休假的話則一定會跑105公里以上，因此第二階段的總跑量急劇上升，來到將近750公里。從第一階段到第二階段，總跑量從550公里提升到750公里，平均每天的跑量從55公里提升到75公里。飲食方面，因為10日賽官方只提供素食，因此第一階段我是正常飲用葷食，但從第一階段結束後，我就開始吃素，因為我想在第二階段測試看看在吃素的情況下會不會有體力下降的問題，結論是一開始會不太習慣，會覺得沒吃飽，但並沒有影響太大，這是我在飲食方面做的模擬練習。另外，我預備了10天可能會遇到下雨的情況，因

此我也測試了我的裝備在雨天的狀況，包含雨衣、防水襪、鞋套等防水裝備會不會在雨天對我有影響。天氣因素是國際比賽比起國內比賽最不同的地方，所以需要特別留意，像紐約的天氣就比臺灣乾冷，這也是我特別在裝備這塊去做重新檢視的原因，所有的跑衣跑褲的裝備，我都已經在練習時做好萬全的準備，以預備任何狀況的發生。至於高低溫差問題，因為我有騎武嶺的經驗，因此雖然我也有準備好棉的外套、長褲以及手套，但實際上我可以用比較單薄的衣服應對，一般情況穿短衣短褲，變冷時加件長袖即可，最冷的時候大概是晚上 10、11 點左右到凌晨，可能會在 10 度以下到 5 度左右，接著到中午時慢慢回暖，但我也規畫自己在那時候休息睡覺，到早上 6 點起床已比較回暖。由於背負著代表國家比賽的使命感以及異地的陌生與不熟悉，這次我準備更認真、更周全，在跑量、裝備、飲食等所有可以準備的我都做好了模擬，以應對各種情況的發生。

2023 年第一次參加紐約 10 日超級馬拉松

有困難也有感謝，
我的第一次紐約 10 日賽

這次的比賽有很多的第一次，當然讓我印象深刻。首先在場地方面，是繞美國紐約皇后區可樂娜公園中圍起的一個小圈重複的跑，所以跑到比賽後段幾乎已經可以掌握我的最佳的加速點、休息點、跑步、走路的時間地點，我會依照地形以及當下的體能狀況在我的腦袋裡去做配速。天氣冷熱之間的轉換也讓我印象深刻，幾乎是一瞬間的變化，幾秒鐘內到不同的地方就會有不一樣的感受，一下熱、一下冷，早晚的溫差也很大，如果不適應的話可能就需要經常穿脫衣服。飲食方面也比較不習慣，食物比較偏向黏稠的料理方式，都是素食的餅類、義大利麵、披薩、馬鈴薯等，雖然不會到吃不下的程度，但還是會想念家鄉味的麵線、炒飯類的食物。

──────────────── 超越極限：我的超馬之路

另外 10 天的比賽中有一天下大雨，我們的帳篷都是搭建在草地上，因為我的水線沒拉好，所以半夜睡到一半我的帳篷就崩塌，帳篷裡面有 2/3 都淹水，一開始我還沒有發覺，直到覺得身體都被壓住才驚覺大事不妙。我一開始甚至連離開帳篷都沒辦法，因為大量的水聚集，把門也都壓垮了，我只好先用力的把水拋開才能出去。出去之後我馬上求救工作人員，一開始其實我很沮喪，也萌生放棄的念頭，覺得才第 6 天我的帳篷就垮了，睡覺的地方沒了，差點失去繼續跑下去的動力，心情非常負面與悲觀，然而工作人員十分熱心，他們告訴我讓我放心的繼續跑，他們會重新幫我搭建一個新的帳篷，把我的物品移過去，睡袋睡墊全部晒乾，當我回到帳篷看到我休息的地方又恢復了的那一幕心中真的非常感動，失去自信、跌到谷底的感覺煙消雲散，我收拾好心情，就這樣安心的繼續跑下去，這也是比賽過程中讓我非常感謝的一件事，我也在完賽後致贈他們鳳梨酥當作答謝，沒有他們或許我就不會完成這 1000 多公里的路程了。還有一件我覺得蠻特別的小事，那就是不同於臺灣的比賽，紐約 10 日賽計算個人的圈數、里程都是用人工計算，而非晶片，因此只要走過工作人員就會唸出選手的名字、號碼、圈數以及里程數，我聽到的原因是這樣，他們認為晶片是機械的、沒有感情的，但人可以讓選手感受到溫暖，他們希望每一圈都可以幫選手加油鼓

勵，拍手恭喜你，而我也會點頭致意，跟他們說謝謝，一方面也是希望讓他認識我、了解我，不要幫我漏計了一圈，因為每一圈真的都是非常辛苦的完成。整場比賽我的情況是這樣，我在前5天時還可以跟最後得到第2名的義大利選手不分上下，但我也知道前5天我的配速比原本賽前預估的快很多，幾乎已到達我當時的極限，所以到第5天我已經很疲憊。第6天又遇到帳篷垮掉的插曲，幾近崩潰，信心全無，因此開始降速，突然遇到天氣的轉換也因為沒有經驗，我的耐力與續航力不如以往，因此我放棄爭取第

2023 年紐約 10 日賽中的補給

2 名，因為我知道現在開始我與義大利選手的距離已經被拉開太遠，選擇開始守第 4 名的選手，第 6 天開始我的策略轉變為每天與第 4 名的選手維持一定的距離就好，一直到第 10 天的晚上 8 點，我完成了我人生的第一個 1000 公里，也確定自己與第 4 名的選手的距離是安全的，這時候我的腳也開始不舒服，我就又開始降速，慢慢的走，一直到晚上 12 點，我確定第 4 名的選手休息之後，我才去睡覺，這時候還有贏第 4 名的選手大約 30 英里。但我也不放心他會不會半夜突然起床開始跑，因此我還特意交代了隊友

2023 年獲得第 3 名獎盃

協助，如果第 4 名選手與我的距離拉到 10 英里以內要提早叫我起床，最後我 6 點起床時，第 4 名選手與我相差的距離來到 20 英里，但那時候我的腳真的已經太痛、太不舒服，因此我還是選擇繼續休息，不過我也確定這時候第 4 名選手已經追不上我。於是我一直休息到比賽結束前最後 1 小時，做最後的完賽。

永遠都只有更好，
不斷提升自己才能完成夢想

完賽之後的感動是再多的言詞都很難表達完整的，也真的為了這次的比賽在賽前做了非常多的練習。能夠得到男子組第 3 名是出乎我意料之外的，第 1 名的蒙古選手是 2022 年 6 日賽的冠軍，因此這次 10 日賽算是延展而已，第 2 名的義大利選手已經跑過 3100 英里比賽，每年只要有參加就幾乎會得到冠軍。前面兩位是實力如此堅強的選手，因此在賽前早已預測到前兩名的位置就是他們的，第 3 名我也想怎麼樣都會有比我強的，不可能是我，所以我原本是沒有抱太大期望的。能夠得到第 3 名已經很感謝，但我還是有自我檢討了一下可以再更好的地方，畢竟我還會再參加。我認為主要是我的前半段跑太快，對於天候的不熟悉，應變能力不足，以及我的帳篷一開始就沒有架設好，以上因素影響到我的狀況，因此下一次比賽我希望我可以穩穩的遵照練習時規畫好的配速，不要再像這次前面 5 天衝太快。這次會有這樣的狀況發生是因為那時候出乎自己意外的發現我居然能夠與第 2 名的選手競爭，畢竟原本我認為自己可能連前 5 名都拿不到，激發了我的好勝心，所以我當然會想拚一下，看有沒有更好的機會。但實際上這已經超出我的訓練量，因此最後要用腳的不適來償還，

其實是非常得不償失的。因此若按照我原本的配速，我是可以跑到 1100 公里的，所以當下我就決定，下一次我會調整好以上的問題，希望也能像這次達到 1080 公里，並且也能像拿到女子組冠軍的蔡文雅選手一樣，能有機會受邀參加我最渴望的 3100 英里超馬。因為這次我最後一天幾乎是沒有跑的狀態，因此我希望下一次我可以輕鬆的跑完整場比賽，不要受傷，也多參加幾次累積我的能量與實力，而要達到這樣的成績，我下定決心我要提高我的練習量，希望在臺灣練習時就能達到 10 天 1080 公里的國家紀錄。

03
天時地利人和：
我的訓練與準備方式

我的訓練與準備方式主要可以以「天時地利人和」這個條件概括之，有些準備方式前面有稍微提過，這個章節我會詳細的針對這部分說明，提供給想知道或是在練跑過程中遇到瓶頸的人可以參考。

天時：前期順天，中期逆天，後期最後確認

前期順天：初期我會盡量找天候狀態比較好的時候去做練習，原則上避開下雨天，因此在排定練習時程時，我都會先去查詢天氣狀況。低溫寒冷或是下雨的跨夜練跑，身心狀況都不是在最佳的狀態，這樣的練習效果並不好，因為練習就是想達到自己設定的目標，也就是目前還未能達成的，既然本身的腳力、體力、耐力、續航力都已經無法達到了，若是加上壞天氣的影響，很可能根本跑不動，這樣就無法檢測自己真正的實力到哪裡、是否有進步，因此我認為初期在天氣不好的狀況下練習意義不大。

中期逆天：說到這裡，相信很多人會想反問：但比賽時就是有可能遇到下雨或低溫這種天氣不好的情況，難道都不用做準備嗎？的確，比賽時一定有可能遇到不好的天氣，

但我認為要去做壞天氣的模擬練習的時刻，應該是你的能力已經達到一定的程度再去進階練習，如果基本的能力都還達不到，有外在因素的阻撓只會讓你更想放棄、覺得自己做不到而已。按部就班，不要求快。當基本能力都已經足夠才進入第二階段，針對雨天或是低溫的時候去做練習。天氣條件好的情況下先把腳力、耐力與續航力練起來，至少能跑到計算配速後的均速，拉長目標跑步的時間與距離，再來對抗天氣條件不佳的狀況，這是我自我訓練準備的第一個要件。

後期最後確認：最後比賽前，我也會去查詢比賽時那幾天的天氣狀況，比賽前 10 天可以初步的了解天氣狀況，前 7 天就大概可以有 50% 確認，前 3 天大概有 70% 確定，到了當天都還可能有 10% ～ 20% 的變化。預估會遇到下雨或低溫，我就特別針對這樣的狀況做模擬、提前準備好裝備，例如在裝備上會選擇鞋套、禦寒的衣物、雨衣，整體的目標設定也會再做微調，天候不同，我的跑法也會不同。

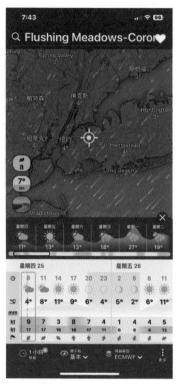

2024 年參加紐約超馬時，賽前持續關注天氣狀況

地利：腳下所踩的每一步路才是真實

天候確認了之後，再來就是地形。天氣無法掌握，但可以順應，而地形是固定的。任何賽事都會事先公布場地，有時候會遇到場地臨時有變更，與以往狀況不同，例如施工或是其他意外狀況，所以必須在賽前確定好每圈的距離去計算配速。能夠去原場地練習當然是最好，例如臺北48小時超級馬拉松在臺北新生花博公園，我住在板橋算是很好抵達，所以在練習的後半期我都會到花博公園去做模擬，熟悉天候、了解溫度，感受實際地形與平常練習模擬時的差異。但像紐約10日賽這種國際比賽當然就沒辦法，只能找類似的場地模擬。例如我也跑過的冬山河100英里超級馬拉松，宜蘭沒辦法經常去，所以我會在家裡附近的河濱以一圈的距離練習，甚至連補給站的相隔距離我都會做記號，找有廁所、桌子能夠休息、放補給品的場地，就用這樣的模式來回折返跑。為了更精確的計算，我甚至購買了測距輪，盡量讓練習的距離跟實際比賽相同甚至更多一些，以讓自己在正式比賽時會跑得比練習更輕鬆。

以上說明是以平地而論，若是像鎮西堡100公里超級馬拉松這種有山路的比賽，就必須再考慮到爬升與坡度，真的實際去找山路來練習，但由於我現在主要參加的比賽都以平路繞圈為主，這部分就不再多做說明。

人和：奇蹟就在你身邊

學習跑步、練習跑步，參加比賽前，首先我覺得很重要的是所謂的貴人相助，也就是前輩的經驗分享。從裝備到實際的賽事分享、參賽規定、提供的餐點、補給站提供的物品等，這是不管參加國內或國際的比賽我都會先去了解的。再來就是所謂的隊友、跑團，找到可以跟你一起練習、一起配速的人，找到彼此適合的節奏與頻率，比賽的時候也可以互相鼓勵、打氣，這些都是可以幫助你在跑步這條路上成長的人，而這些人其實就在你的身邊。在跑步這條路上，我認同需要累積，但我認為「累積」只是成功的一個要素而已，不是累積就一定會成功，而是要看你如何去累積，並不是每天達到練習量就可以成功，而是要去規畫怎麼跑、怎麼練習。而另一方面我也相信「奇蹟」，有些人不相信奇蹟會發生在自己身上，而有些人相信，因為相信，所以才能觸發開關，就像中獎，不相信的人碰也不碰，當然什麼也不會出現，相信的人願意試試看，然後奇蹟終有機會降臨。信與不信都沒有對錯，但我屬於相信奇蹟的後者，因為我認為奇蹟其實一直都在我們的身邊，只是看我們是否有掌握它。因此我認為我身邊的這些貴人，就是我的奇蹟之一，日後我也希望我能成為別人的貴人，把我的經驗分享給「相信奇蹟的人」參考。能夠聽進身邊這些

有用的訊息，吸收它、運用它，你的成績就有機會更好。我的「人和」就是找到好的隊友、找到好的配速員，在這些助益之下，可以更快達到設定的目標，以及要搭配好的裝配、補給品、配速、規畫。每個人的練習方式不同，我的練習量有限，但我會讓自己每次練習都盡量達到我想達成的效果，有計畫的去練習，透過數據紀錄分析，了解自己的缺點並且改進，就能更精準的掌握練習的重點，我認為這樣可以比較有效率的提升自己的能力。我把這部分的自我訓練歸類在人和來談，主要是想說明我主要可以說是遵從所謂「孫子兵法」，也就是兵推、模擬，所謂的紙上談兵，當我的能力已經訓練到一個程度之後，我就可以去精準的掌控與計算，每一圈的配速甚至衰退，我都會先透過數據模擬配速與分析。

因此，我的人和會包含裝備、補給、訓練計畫、紀錄、分析檢討、經驗分享與自訓或團練，這 7 項主要是跑者本身主動可以去做的（與前述的天時或地利比較是被動接受，然後去因應的狀況不一樣），這部分細節比較多，我也覺得很重要，所以詳細列下分享給各位。

1. 裝備

(1) 衣服：基本上我在 15 度以上穿短衣短褲就可以，15 度以下就需要穿長袖，真的很寒冷的話會加風雨外套。

(2) 褲子：我一般都是穿短褲加上腿套，腿套大概到膝蓋的高度，所以也有一點防寒的效果。

(3) 襪子：襪子的部分建議可以在練習時、平常就多去試不同的品牌，再挑選覺得最舒適的。

(4) 鞋子：我一般上班、日常是穿 9 號大小的鞋子，跑步時一開始我會穿 10.5 號，跑了大概 100 ～ 150 公里之後，需要依據天候熱冷縮、自己的血液循環狀況去做更換，如果腳有膨脹的話，我這時候通常會換到 11 號的鞋子，再跑到 250 ～ 300 公里的時候，腳又會再膨脹，會變得不舒服，我就會再換 11 號半的鞋子。所以我會依據練習或比賽的時間與距離去準備鞋子，下雨天時就再多準備防水的鞋子。不過防水的鞋子比較沒有那麼舒適，我就會用原本的鞋子加上防水鞋套去減緩鞋子溼掉的速度與程度，也是讓自己在裝備上多一種選擇。也跟大家分享選鞋及綁鞋帶的小技巧，如果是要準備超馬比賽的鞋子，建議可以跑了 20、30 公里以後，腳略膨脹後去試穿，購買當下適合的尺寸，之後跑步時，讓自己習慣一

開始鞋子比較大、比較鬆，但跑了一段時間後就會變得舒服。綁鞋帶也是如此，一開始直接套進鞋子裡，不要刻意綁緊，到跑了一段後再綁緊，讓自己習慣這樣的模式以後，腳通常都不太再會發生因為腫脹頂到鞋子而痛的狀況。

賽事裝備及補給物質

2. 補給

我的配速通常是固定的模式，會分為小休、中休、大休。大概跑 2.5 ～ 3 公里左右會進補給區休息 30 秒，我的補給很簡單，基本上都是水及固態食物。每 2 ～ 3 小時我會安排 1 ～ 1.5 分鐘的如廁時間，另外也會調節一下身體的狀態，少量進食一些固態的食物及自己喜歡的零食。最後大休的話，我會每 6 個小時補給稀飯，如果可以選擇的話（因為像紐約 10 日賽可能就沒辦法）這是我的首選，試過了非常多種食物，我認為沒有比稀飯更好消化吸收的了，如果沒有稀飯的話就選擇蛋、馬鈴薯、番薯、麵線或蘿蔔糕，最多就是小籠包，我比較不會選擇飯類、飯糰、豆干或麵食，即我偏好不用咀嚼、入口即化或是偏流質的食物，比較容易消化。

水果的部分例如橘子、棗子、葡萄都算好消化吸收。
液態補充的部分我選用 32G 的耐力飲、魔王飲及電解
發泡錠，耐力飲主要是提升體力與續航力，味道類似
舒跑，很適合長時間流汗的跑步運動來平衡身體的狀
況。魔王飲則類似奶昔，有飽足感、能瞬間獲得能量。
電解質發泡錠就更針對電解質這塊再去作補充。這三種
補充飲料我會輪流飲用，採噴射方式入口。另外我會
再準備葡萄汁、汽水、咖啡或綠茶，主要是變換口味、
解膩用。以上的補給飲料即使冬天我都偏好冰的，有冰
鎮的效果，因為跑步的過程會產生高熱，冰的飲料就可
以降溫，讓自己身體比較舒適，也可以讓自己比較清
醒，因為我的身體屬於比較燥熱的體質，這樣的做法

可以讓我比較輕鬆，腦袋也比較不會昏沉，更能掌握配速。長時間跑步的比賽一定要讓自己的消化系統維持正常，感覺微餓狀態才吃，不會為吃而吃、餓到不行才吃，或是吃過飽，很多人跑不動是因為吃不下或吃太多，因為賽程的時間一定跟自己平常作息不一樣，所以一定要補充食物，但盡量不要選擇不好消化的飯類。如同前述所說，大休的補給（通常是邊走邊吃）、消化、再起跑我都是有分配好固定的時間的，六個小時中補給完正餐後，我就只會再補充水或鳳梨酥、麵包、太陽餅等小零嘴，食物補給方面我都選擇的一般天然的比較多，比較不會攝取運動強化相關的，少量多餐，讓自己維持不會餓的狀態就好。

3. 訓練計畫

訓練計畫的首先是要有目標，有了目標就決定我怎麼跑，也就是我的配速。我會在當年的比賽結束後定下來年的目標，距離可能只比前一年多 3 ～ 5 公里，希望自己跑得比前一年輕鬆、依照配速完成，這樣就代表我的能力進步，按照這樣的目標去做練習，比賽時就很有可能可以在最後加速，跑出比預定目標更好的成績。設定目標距離之後計算均速，有了均速之後再去配速，細分到每個小時要跑的節奏，以及上廁所、補給的時間。配速完成之後，接著就是去執行它。我會選擇先練距離，再練速度，因為即使速度再快，距離跑不出來就沒辦法達成目標，因此我在一開始練習時不會加速，先把距離跑出來。第一階段練習至少要跑實際比賽時間的一半以上，只要練到這一半是輕鬆完成，甚至還有能力繼續跑下去的程度這階段就完成了。而由於比賽會有很多無法預測的意外出現，例如身體狀況不佳、天候狀況不好、裝備臨時出了問題或不合用等等，所以第二階段練習我會開始練習加速，而這樣的加速練習都是立於「跑完不會覺得累」的基礎，慢慢的提升身體可以承受的速度與肌耐力，如此實際賽事時低於這階段練習的配速，跑起來一定就更加輕鬆，這階段因

為已經靠近正式比賽時間，所以距離反而是逐次減少。實際比賽時我的原則是強度一定比練習時低，最多就是一樣，練習時我沒有練到的部分，我就不會強迫自己在比賽時提升速度，除非在最後階段，確認可以**達標**且完賽才會加速或超越練習時的強度。

4. 紀錄

不論是練距離或是練速度，我大約每 30 圈、約 2 小時多會做一次紀錄。距離是固定的，所以我會用手錶拍照記錄我花多少時間、練習的狀態，每次練習結束後計算配速，彙整、比較與預計的配速差異，最後上傳到我的 Facebook，Facebook 就是我的資料庫，當我需要回顧數據時，就依照日期去搜索。

練習時的紀錄

5. 分析檢討

透過紀錄的數據，我會去檢視我的心率。當心率過高時，就代表還不能夠輕鬆的完成預計的配速，一直練習到心率降低，我才會去加快配速、增加距離。有分析檢討，我才可以知道目前的極限到哪裡，是否要再延展距離或加速，進入下一個階段的練習。

6. 經驗分享

我很常會跟跑友交流彼此的跑法，他人的經驗是很寶貴的參考，聆聽對方的瓶頸、遇到困難的時機點，別人是如何處置，思考換作是我會怎麼處理，成功的跑者參考他的跑法、補給，可以讓自己少走很多冤枉路。除此之外，分享並不是只聽別人怎麼説，你還需要自己觀察。在跑場上，如果只是專注於自己，那得到的經驗值就只有自己一個，所以我會觀察比我強的人，以及很接近我的人，觀察他們的肌耐力、補給、休息、衰退跟我有何差異，我有沒有機會可以贏過他們。也會觀察他們是耐力型的選手，或是速度型的選手。如果是速度型的選手，有機會和他們競爭時，我就用耐力來抗衡，對方總是會有要休息的時候，那我選擇就不休息；如果對方不休息，那我就等待他體力衰退。如果是耐力型的選手，我就用速度與他競爭，所以我的目標是耐力、

速度與續航力都能做到頂尖，才能在遇到任何類型的選手都能有辦法應對。比賽中與自己差距不大的對手的競爭是非常寶貴的，如果領先或落後太多就專注於完成自己的目標即可，但如果有與自己相互競爭的對手時，這時候就是進步的最佳時機，比賽的目的絕對不只有獲取勝利，更重要的是在競爭中會激發進步的慾望與動力，這時候就很有可能可以跑出比預計目標更好的成績。有對手在前後不斷的追趕箝制，就可能讓自己的能力維持在顛峰，少了競爭的目標，就會比較放鬆。因此參加比賽中的觀察、學習，由別人的經驗讓自己成長是非常重要的。

7. 自訓或團練

練習分為自訓或團練。大部分的人應該都是由自訓開始，因為至少要練到一定的程度才比較跟得上團練。自訓的缺點是惰性，累了就比較容易想休息或停下腳步。團練的話因為有其他人在身邊、有目標、有壓力，就比較容易提升自己，尤其是高強度、跨夜的練習，如果有人在身旁陪練相對會比較輕鬆。因此首先要自訓先把基本的能力培養起來，再透過團練大家相約練習、互相加油鼓勵、給予彼此建議，交流學習跑法、補給方式，這樣的練習會比較快速有效。

04

跑步的孫子兵法

「知彼知己者，百戰不殆；不知彼而知己，一勝一負；不知彼，不知己，每戰必敗。」

—《孫子兵法》

前面我談到準備與訓練方法，其中「配速」提到過很多次，這也算是我在練跑過程中很重要的中心精神，實際比賽時，除了依照原本預計的配速計畫，也會根據前後對手作調整配速的攻防策略。所以這章我會再針對這部分詳細說明如何預估比賽時應該要跑的配速、練習時每個階段我又會怎麼去安排調整配速，以及實際比賽時其他的攻防策略。

這裡我想再舉前面有提到的「孫子兵法」為例，其中提到「知彼知己者，百戰不殆；不知彼而知己，一勝一負；不知彼，不知己，每戰必敗。」應用到我的跑步心法就是：

一、知彼知己者，百戰不殆
首先要知道自己目前的實力到哪裡，安排自己能力範圍內的練習強度，練習時的配速強度會按照階段，逐步練習到比正式比賽時設定的目標強，練習過程透過記錄以及數據分析慢慢改善自己的缺點。

掌握自己的能力，並且善用天時、地利、人和（含裝備、補給、休息等）的變因，最後還要能去觀察對手，掌握、分析對手，這就是所謂「知彼知己者，百戰不殆」。

二、不知彼而知己，一勝一負

賽事過程中若只按自己能力和配速跑，不管別人怎麼跑，也不了解競爭對手是誰、他們優缺點，在賽事只顧自己的硬拚到底，那就只能將成績寄託給運氣、看對手是否有掌握到自己，這就是所謂「不知彼而知己，一勝一負」。

三、不知彼，不知己，每戰必敗

而如果連自己能力到哪裡都不清楚，練習自己非能力所及的配速、練習過程沒有弄清自己的缺點在哪裡、沒有計畫的在練習，也不管天時、地利、人和等變因，在場上遇到對手對自己瞭若指掌，自己卻無法分析、掌握別人的優缺點，這就是所謂「不知彼，不知己，每戰必敗」。

以臺北花博 48 小時超馬賽事為例，我會運用自己研發的配速程式，依據我平時練習的數據分析，了解自己能力，設定目標，再依天候、地形等變因，微調目標，設定最終完賽目標，分別有高、中、低標。用時間和距離透過電腦運算，就可以算出每圈要跑的配速，設定完配速，就可以

像汽車導航一樣，精準預估跑完 48 小時我可以跑完的距離。實際比賽過程時，我會依身體狀況天候、地形等因素等變因調整目標配速，一開始會依正常配速中標推進，過程中只要遇到任何狀況會立即調降成低標配速，如果中配速到比賽中後段確認身體狀況良好，且可以完賽的前提下，我就會調整到高標配速。賽事當中都是我自己邊跑邊算配速，有時也會請朋友在家幫我算配速，這樣就可以馬上運算出配速差異。

以下以 2024 年我參加臺北花博 48 小時超馬賽事我實際精算的配速表格為例：

（一）高標：設定 330 公里以上

48 小時要跑 330 公里以上，含休息均速需維持在 8 分 43 秒內。

前 24 小時設定 170 ～ 173 公里，含休息均速需維持在 8 分 19 ～ 28 秒內。

後 24 小時設定 157 ～ 160 公里，含休息均速需維持在 9 分 00 ～ 10 秒內。

（二）中標：設定破 PB 328.559 公里或連 2 年國家標
準 328 公里以上

48 小時要跑 328.559 公里以上，含休息均速需
維持在 8 分 46 秒內。

前 24 小時設定 170 ～ 173 公里，含休息均速需
維持在 8 分 19 ～ 28 秒內。

後 24 小時設定 155 ～ 158 公里，含休息均速需
維持在 9 分 07 ～ 17 秒內。

（三）低標：設定 300 公里以上連 3 年超過 300 公里

48 小時要跑 300 公里以上，含休息均速需維持
在 9 分 36 秒內。

前 24 小時設定 170 ～ 173 公里，含休息均速需
維持在 8 分 19 ～ 28 秒內。

後 24 小時設定 127 ～ 130 公里，含休息均速需
維持在 11 分 05 ～ 20 秒內。

2024 年 2 月 23 ～ 25 日臺北新生花博 48 小時超馬

■ 淡色區：小休 20 秒　　■ 紅色區：中休 1 分鐘　　■ 藍色區：大休配 4 圈走路、用餐

高標 330K 配速　　　　　　　每圈 0.6282 公尺　　**1K ～ 37K**

里程	圈數	圈時間	圈配速	均速	總時間	時間
2.513	4	0:05:04	0:08:04	0:08:04	0:20:16	15:20:16
3.141	5	0:05:24	0:08:36	0:08:10	0:25:40	15:25:40
5.654	9	0:05:04	0:08:04	0:08:07	0:45:56	15:45:56
6.282	10	0:05:24	0:08:36	0:08:10	0:51:20	15:51:20
8.795	14	0:05:04	0:08:04	0:08:08	1:11:36	16:11:36
9.423	15	0:05:24	0:08:36	0:08:10	1:17:00	16:17:00
11.936	19	0:05:04	0:08:04	0:08:09	1:37:16	16:37:16
12.564	20	0:05:24	0:08:36	0:08:10	1:42:40	16:42:40
15.077	24	0:05:04	0:08:04	0:08:09	2:02:56	17:02:56
15.705	25	0:06:30	0:10:21	0:08:14	2:09:26	17:09:26
18.218	29	0:05:04	0:08:04	0:08:13	2:29:42	17:29:42
18.846	30	0:05:24	0:08:36	0:08:14	2:35:06	17:35:06
21.359	34	0:05:04	0:08:04	0:08:13	2:55:22	17:55:22
21.987	35	0:05:24	0:08:36	0:08:13	3:00:46	18:00:46
24.500	39	0:05:04	0:08:04	0:08:12	3:21:02	18:21:02
25.128	40	0:05:24	0:08:36	0:08:13	3:26:26	18:26:26
27.641	44	0:05:04	0:08:04	0:08:12	3:46:42	18:46:42
28.269	45	0:05:24	0:08:36	0:08:13	3:52:06	18:52:06
30.782	49	0:05:04	0:08:04	0:08:12	4:12:22	19:12:22
31.410	50	0:06:30	0:10:21	0:08:14	4:18:52	19:18:52
33.923	54	0:05:04	0:08:04	0:08:14	4:39:08	19:39:08
34.551	55	0:05:24	0:08:36	0:08:14	4:44:32	19:44:32
37.064	59	0:05:04	0:08:04	0:08:13	5:04:48	20:04:48
37.692	60	0:05:24	0:08:36	0:08:14	5:10:12	20:10:12

超越極限：我的超馬之路

里程	圈數	圈時間	圈配速	均速	總時間	時間
40.205	64	0:05:07	0:08:09	0:08:13	5:30:40	20:30:40
40.833	65	0:05:27	0:08:41	0:08:14	5:36:07	20:36:07
43.346	69	0:05:07	0:08:09	0:08:14	5:56:35	20:56:35
43.974	70	0:05:27	0:08:41	0:08:14	6:02:02	21:02:02
46.487	74	0:05:07	0:08:09	0:08:14	6:22:30	21:22:30
47.115	75	0:06:30	0:10:21	0:08:15	6:29:00	21:29:00
49.628	79	0:05:07	0:08:09	0:08:15	6:49:28	21:49:28
50.256	80	0:05:27	0:08:41	0:08:15	6:54:55	21:54:55
52.769	84	0:05:07	0:08:09	0:08:15	7:15:23	22:15:23
53.397	85	0:05:27	0:08:41	0:08:15	7:20:50	22:20:50
55.910	89	0:05:07	0:08:09	0:08:15	7:41:18	22:41:18
56.538	90	0:05:27	0:08:41	0:08:15	7:46:45	22:46:45
59.051	94	0:05:07	0:08:09	0:08:15	8:07:13	23:07:13
59.679	95	0:05:27	0:08:41	0:08:15	8:12:40	23:12:40
62.192	99	0:05:07	0:08:09	0:08:15	8:33:08	23:33:08
62.820	100	0:05:27	0:08:41	0:08:15	8:38:35	23:38:35
65.333	104	0:06:40	0:10:37	0:08:21	9:05:15	0:05:15
65.961	105	0:05:27	0:08:41	0:08:21	9:10:42	0:10:42
68.474	109	0:05:07	0:08:09	0:08:20	9:31:10	0:31:10
69.102	110	0:05:27	0:08:41	0:08:21	9:36:37	0:36:37
71.615	114	0:05:07	0:08:09	0:08:20	9:57:05	0:57:05
72.243	115	0:05:27	0:08:41	0:08:20	10:02:32	1:02:32
74.756	119	0:05:07	0:08:09	0:08:20	10:23:00	1:23:00
75.384	120	0:05:27	0:08:41	0:08:20	10:28:27	1:28:27

里程	圈數	圈時間	圈配速	均速	總時間	時間
77.897	124	0:05:10	0:08:13	0:08:20	10:49:07	1:49:07
78.525	125	0:05:30	0:08:45	0:08:20	10:54:37	1:54:37
81.038	129	0:05:10	0:08:13	0:08:20	11:15:17	2:15:17
81.666	130	0:06:30	0:10:21	0:08:21	11:21:47	2:21:47
84.179	134	0:05:10	0:08:13	0:08:21	11:42:27	2:42:27
84.807	135	0:05:30	0:08:45	0:08:21	11:47:57	2:47:57
87.320	139	0:05:10	0:08:13	0:08:21	12:08:37	3:08:37
87.948	140	0:05:30	0:08:45	0:08:21	12:14:07	3:14:07
90.461	144	0:05:10	0:08:13	0:08:21	12:34:47	3:34:47
91.089	145	0:05:30	0:08:45	0:08:21	12:40:17	3:40:17
93.602	149	0:05:10	0:08:13	0:08:21	13:00:57	4:00:57
94.230	150	0:05:30	0:08:45	0:08:21	13:06:27	4:06:27
96.743	154	0:05:10	0:08:13	0:08:21	13:27:07	4:27:07
97.371	155	0:06:30	0:10:21	0:08:21	13:33:37	4:33:37
99.884	159	0:05:10	0:08:13	0:08:21	13:54:17	4:54:17
100.512	160	0:05:30	0:08:45	0:08:21	13:59:47	4:59:47
103.025	164	0:05:10	0:08:13	0:08:21	14:20:27	5:20:27
103.653	165	0:05:30	0:08:45	0:08:21	14:25:57	5:25:57
106.166	169	0:05:10	0:08:13	0:08:21	14:46:37	5:46:37
106.794	170	0:05:30	0:08:45	0:08:21	14:52:07	5:52:07
109.307	174	0:05:10	0:08:13	0:08:21	15:12:47	6:12:47
109.935	175	0:05:30	0:08:45	0:08:21	15:18:17	6:18:17
112.448	179	0:06:50	0:10:53	0:08:25	15:45:37	6:45:37
113.076	180	0:05:30	0:08:45	0:08:25	15:51:07	6:51:07

里程	圈數	圈時間	圈配速	均速	總時間	時間
115.589	184	0:05:13	0:08:18	0:08:25	16:11:59	7:11:59
116.217	185	0:05:33	0:08:50	0:08:25	16:17:32	7:17:32
118.730	189	0:05:13	0:08:18	0:08:25	16:38:24	7:38:24
119.358	190	0:05:33	0:08:50	0:08:25	16:43:57	7:43:57
121.871	194	0:05:13	0:08:18	0:08:25	17:04:49	8:04:49
122.499	195	0:05:33	0:08:50	0:08:25	17:10:22	8:10:22
125.012	199	0:05:13	0:08:18	0:08:25	17:31:14	8:31:14
125.640	200	0:06:30	0:10:21	0:08:25	17:37:44	8:37:44
128.153	204	0:05:13	0:08:18	0:08:25	17:58:36	8:58:36
128.781	205	0:05:33	0:08:50	0:08:25	18:04:09	9:04:09
131.294	209	0:05:13	0:08:18	0:08:25	18:25:01	9:25:01
131.922	210	0:05:33	0:08:50	0:08:25	18:30:34	9:30:34
134.435	214	0:05:13	0:08:18	0:08:25	18:51:26	9:51:26
135.063	215	0:05:33	0:08:50	0:08:25	18:56:59	9:56:59
137.576	219	0:05:13	0:08:18	0:08:25	19:17:51	10:17:51
138.204	220	0:06:30	0:10:21	0:08:25	19:24:21	10:24:21
140.717	224	0:05:13	0:08:18	0:08:25	19:45:13	10:45:13
141.345	225	0:05:33	0:08:50	0:08:25	19:50:46	10:50:46
143.858	229	0:05:13	0:08:18	0:08:25	20:11:38	11:11:38
144.486	230	0:05:33	0:08:50	0:08:25	20:17:11	11:17:11
146.999	234	0:05:13	0:08:18	0:08:25	20:38:03	11:38:03
147.627	235	0:05:33	0:08:50	0:08:25	20:43:36	11:43:36
150.140	239	0:05:13	0:08:18	0:08:25	21:04:28	12:04:28
150.768	240	0:05:33	0:08:50	0:08:25	21:10:01	12:10:01

里程	圈數	圈時間	圈配速	均速	總時間	時間
153.281	244	0:07:00	0:11:09	0:08:28	21:38:01	12:38:01
153.909	245	0:05:37	0:08:56	0:08:28	21:43:38	12:43:38
156.422	249	0:05:17	0:08:25	0:08:28	22:04:46	13:04:46
157.050	250	0:05:37	0:08:56	0:08:28	22:10:23	13:10:23
159.563	254	0:05:17	0:08:25	0:08:28	22:31:31	13:31:31
160.191	255	0:05:37	0:08:56	0:08:28	22:37:08	13:37:08
162.704	259	0:05:17	0:08:25	0:08:28	22:58:16	13:58:16
163.332	260	0:05:37	0:08:56	0:08:28	23:03:53	14:03:53
165.845	264	0:05:17	0:08:25	0:08:28	23:25:01	14:25:01
166.473	265	0:06:30	0:10:21	0:08:29	23:31:31	14:31:31
168.986	269	0:05:17	0:08:25	0:08:29	23:52:39	14:52:39
169.614	**270**	**0:05:37**	**0:08:56**	**0:08:29**	**23:58:16**	**14:58:16**
172.127	274	0:05:17	0:08:25	0:08:29	24:19:24	15:19:24
172.755	275	0:05:37	0:08:56	0:08:29	24:25:01	15:25:01
175.268	279	0:05:17	0:08:25	0:08:29	24:46:09	15:46:09
175.896	280	0:05:37	0:08:56	0:08:29	24:51:46	15:51:46
178.409	284	0:05:17	0:08:25	0:08:29	25:12:54	16:12:54
179.037	285	0:06:30	0:10:21	0:08:29	25:19:24	16:19:24
181.550	289	0:05:17	0:08:25	0:08:29	25:40:32	16:40:32
182.178	290	0:05:37	0:08:56	0:08:29	25:46:09	16:46:09
184.691	294	0:05:17	0:08:25	0:08:29	26:07:17	17:07:17
185.319	295	0:05:37	0:08:56	0:08:29	26:12:54	17:12:54
187.832	299	0:05:17	0:08:25	0:08:29	26:34:02	17:34:02
188.460	300	0:05:37	0:08:56	0:08:29	26:39:39	17:39:39

24小時內跑到略高於高標330K的一半

里程	圈數	圈時間	圈配速	均速	總時間	時間
190.973	304	0:05:21	0:08:31	0:08:29	27:01:03	18:01:03
191.601	305	0:05:41	0:09:03	0:08:29	27:06:44	18:06:44
194.114	309	0:07:10	0:11:24	0:08:32	27:35:24	18:35:24
194.742	310	0:05:41	0:09:03	0:08:32	27:41:05	18:41:05
197.255	314	0:05:21	0:08:31	0:08:32	28:02:29	19:02:29
197.883	315	0:05:41	0:09:03	0:08:32	28:08:10	19:08:10
200.396	319	0:05:21	0:08:31	0:08:32	28:29:34	19:29:34
201.024	320	0:05:41	0:09:03	0:08:32	28:35:15	19:35:15
203.537	324	0:05:21	0:08:31	0:08:32	28:56:39	19:56:39
204.165	325	0:05:41	0:09:03	0:08:32	29:02:20	20:02:20
206.678	329	0:05:21	0:08:31	0:08:32	29:23:44	20:23:44
207.306	330	0:06:30	0:10:21	0:08:32	29:30:14	20:30:14
209.819	334	0:05:21	0:08:31	0:08:32	29:51:38	20:51:38
210.447	335	0:05:41	0:09:03	0:08:32	29:57:19	20:57:19
212.960	339	0:05:21	0:08:31	0:08:32	30:18:43	21:18:43
213.588	340	0:05:41	0:09:03	0:08:33	30:24:24	21:24:24
216.101	344	0:05:21	0:08:31	0:08:32	30:45:48	21:45:48
216.729	345	0:05:41	0:09:03	0:08:33	30:51:29	21:51:29
219.242	349	0:05:21	0:08:31	0:08:33	31:12:53	22:12:53
219.870	350	0:06:30	0:10:21	0:08:33	31:19:23	22:19:23
222.383	354	0:05:21	0:08:31	0:08:33	31:40:47	22:40:47
223.011	355	0:05:41	0:09:03	0:08:33	31:46:28	22:46:28
225.524	359	0:05:21	0:08:31	0:08:33	32:07:52	23:07:52
226.152	360	0:05:41	0:09:03	0:08:33	32:13:33	23:13:33

里程	圈數	圈時間	圈配速	均速	總時間	時間
228.665	364	0:05:26	0:08:39	0:08:33	32:35:17	23:35:17
229.293	365	0:05:46	0:09:11	0:08:33	32:41:03	23:41:03
231.806	369	0:05:26	0:08:39	0:08:33	33:02:47	0:02:47
232.434	370	0:05:46	0:09:11	0:08:33	33:08:33	0:08:33
234.947	374	0:07:20	0:11:40	0:08:35	33:37:53	0:37:53
235.575	375	0:05:46	0:09:11	0:08:35	33:43:39	0:43:39
238.088	379	0:05:26	0:08:39	0:08:35	34:05:23	1:05:23
238.716	380	0:05:46	0:09:11	0:08:36	34:11:09	1:11:09
241.229	384	0:05:26	0:08:39	0:08:36	34:32:53	1:32:53
241.857	385	0:05:46	0:09:11	0:08:36	34:38:39	1:38:39
244.370	389	0:05:26	0:08:39	0:08:36	35:00:23	2:00:23
244.998	390	0:05:46	0:09:11	0:08:36	35:06:09	2:06:09
247.511	394	0:05:26	0:08:39	0:08:36	35:27:53	2:27:53
248.139	395	0:06:30	0:10:21	0:08:36	35:34:23	2:34:23
250.652	399	0:05:26	0:08:39	0:08:36	35:56:07	2:56:07
251.280	400	0:05:46	0:09:11	0:08:36	36:01:53	3:01:53
253.793	404	0:05:26	0:08:39	0:08:36	36:23:37	3:23:37
254.421	405	0:05:46	0:09:11	0:08:36	36:29:23	3:29:23
256.934	409	0:05:26	0:08:39	0:08:36	36:51:07	3:51:07
257.562	410	0:05:46	0:09:11	0:08:36	36:56:53	3:56:53
260.075	414	0:05:26	0:08:39	0:08:36	37:18:37	4:18:37
260.703	415	0:06:30	0:10:21	0:08:37	37:25:07	4:25:07
263.216	419	0:05:26	0:08:39	0:08:37	37:46:51	4:46:51
263.844	420	0:05:46	0:09:11	0:08:37	37:52:37	4:52:37

里程	圈數	圈時間	圈配速	均速	總時間	時間
266.357	424	0:05:31	0:08:47	0:08:37	38:14:41	5:14:41
266.985	425	0:05:51	0:09:19	0:08:37	38:20:32	5:20:32
269.498	429	0:05:31	0:08:47	0:08:37	38:42:36	5:42:36
270.126	430	0:05:51	0:09:19	0:08:37	38:48:27	5:48:27
272.639	434	0:05:31	0:08:47	0:08:37	39:10:31	6:10:31
273.267	435	0:05:51	0:09:19	0:08:37	39:16:22	6:16:22
275.780	439	0:07:30	0:11:56	0:08:39	39:46:22	6:46:22
276.408	440	0:05:51	0:09:19	0:08:39	39:52:13	6:52:13
278.921	444	0:05:31	0:08:47	0:08:39	40:14:17	7:14:17
279.549	445	0:05:51	0:09:19	0:08:39	40:20:08	7:20:08
282.062	449	0:05:31	0:08:47	0:08:40	40:42:12	7:42:12
282.690	450	0:05:51	0:09:19	0:08:40	40:48:03	7:48:03
285.203	454	0:05:31	0:08:47	0:08:40	41:10:07	8:10:07
285.831	455	0:05:51	0:09:19	0:08:40	41:15:58	8:15:58
288.344	459	0:05:31	0:08:47	0:08:40	41:38:02	8:38:02
288.972	460	0:06:30	0:10:21	0:08:40	41:44:32	8:44:32
291.485	464	0:05:31	0:08:47	0:08:40	42:06:36	9:06:36
292.113	465	0:05:51	0:09:19	0:08:40	42:12:27	9:12:27
294.626	469	0:05:31	0:08:47	0:08:40	42:34:31	9:34:31
295.254	470	0:05:51	0:09:19	0:08:40	42:40:22	9:40:22
297.767	474	0:05:31	0:08:47	0:08:40	43:02:26	10:02:26
298.395	475	0:05:51	0:09:19	0:08:40	43:08:17	10:08:17
300.908	**479**	**0:05:31**	**0:08:47**	**0:08:40**	**43:30:21**	**10:30:21**
301.536	480	0:06:30	0:10:21	0:08:41	43:36:51	10:36:51

高標的配速
在 43:30:21
時跑到低標

里程	圈數	圈時間	圈配速	均速	總時間	時間
304.049	484	0:05:37	0:08:56	0:08:41	43:59:19	10:59:19
304.677	485	0:05:57	0:09:28	0:08:41	44:05:16	11:05:16
307.190	489	0:05:37	0:08:56	0:08:41	44:27:44	11:27:44
307.818	490	0:05:57	0:09:28	0:08:41	44:33:41	11:33:41
310.331	494	0:05:37	0:08:56	0:08:41	44:56:09	11:56:09
310.959	495	0:05:57	0:09:28	0:08:41	45:02:06	12:02:06
313.472	499	0:05:37	0:08:56	0:08:41	45:24:34	12:24:34
314.100	500	0:06:30	0:10:21	0:08:42	45:31:04	12:31:04
316.613	504	0:05:37	0:08:56	0:08:42	45:53:32	12:53:32
317.241	505	0:05:57	0:09:28	0:08:42	45:59:29	12:59:29
319.754	509	0:05:37	0:08:56	0:08:42	46:21:57	13:21:57
320.382	510	0:05:57	0:09:28	0:08:42	46:27:54	13:27:54
322.895	514	0:05:37	0:08:56	0:08:42	46:50:22	13:50:22
323.523	515	0:06:30	0:10:21	0:08:42	46:56:52	13:56:52
326.036	519	0:05:37	0:08:56	0:08:43	47:19:20	14:19:20
326.664	520	0:05:57	0:09:28	0:08:43	47:25:17	14:25:17
329.177	524	0:05:37	0:08:56	0:08:43	47:47:45	14:47:45
330.433	**526**	**0:05:57**	**0:09:28**	**0:08:44**	**47:59:39**	**14:59:39**
332.318	529	0:05:37	0:08:56	0:08:43	0:16:30	15:16:30
332.946	530	0:05:57	0:09:28	0:08:43	0:22:27	15:22:27
335.459	534	0:05:37	0:08:56	0:08:43	0:44:55	15:44:55
336.087	535	0:05:57	0:09:28	0:08:43	0:50:52	15:50:52
338.600	539	0:05:37	0:08:56	0:08:43	1:13:20	16:13:20
339.228	540	0:05:57	0:09:28	0:08:43	1:19:17	16:19:17

48 小時內完成高標

淡色區：小休 20 秒　　■ 紅色區：中休 1 分鐘　　■ 藍色區：大休配 4 圈走路、用餐

中標 328K 配速　　　　　　　　　　　　　　　1K ～ 37K

里程	圈數	圈時間	圈配速	均速	總時間	時間
2.513	4	0:05:04	0:08:04	0:08:04	0:20:16	15:20:16
3.141	5	0:05:24	0:08:36	0:08:10	0:25:40	15:25:40
5.654	9	0:05:04	0:08:04	0:08:07	0:45:56	15:45:56
6.282	10	0:05:24	0:08:36	0:08:10	0:51:20	15:51:20
8.795	14	0:05:04	0:08:04	0:08:08	1:11:36	16:11:36
9.423	15	0:05:24	0:08:36	0:08:10	1:17:00	16:17:00
11.936	19	0:05:04	0:08:04	0:08:09	1:37:16	16:37:16
12.564	20	0:05:24	0:08:36	0:08:10	1:42:40	16:42:40
15.077	24	0:05:04	0:08:04	0:08:09	2:02:56	17:02:56
15.705	25	0:06:30	0:10:21	0:08:14	2:09:26	17:09:26
18.218	29	0:05:04	0:08:04	0:08:13	2:29:42	17:29:42
18.846	30	0:05:24	0:08:36	0:08:14	2:35:06	17:35:06
21.359	34	0:05:04	0:08:04	0:08:13	2:55:22	17:55:22
21.987	35	0:05:24	0:08:36	0:08:13	3:00:46	18:00:46
24.500	39	0:05:04	0:08:04	0:08:12	3:21:02	18:21:02
25.128	40	0:05:24	0:08:36	0:08:13	3:26:26	18:26:26
27.641	44	0:05:04	0:08:04	0:08:12	3:46:42	18:46:42
28.269	45	0:05:24	0:08:36	0:08:13	3:52:06	18:52:06
30.782	49	0:05:04	0:08:04	0:08:12	4:12:22	19:12:22
31.410	50	0:06:30	0:10:21	0:08:14	4:18:52	19:18:52
33.923	54	0:05:04	0:08:04	0:08:14	4:39:08	19:39:08
34.551	55	0:05:24	0:08:36	0:08:14	4:44:32	19:44:32
37.064	59	0:05:04	0:08:04	0:08:13	5:04:48	20:04:48
37.692	60	0:05:24	0:08:36	0:08:14	5:10:12	20:10:12

里程	圈數	圈時間	圈配速	均速	總時間	時間
40.205	64	0:05:07	0:08:09	0:08:13	5:30:40	20:30:40
40.833	65	0:05:27	0:08:41	0:08:14	5:36:07	20:36:07
43.346	69	0:05:07	0:08:09	0:08:14	5:56:35	20:56:35
43.974	70	0:05:27	0:08:41	0:08:14	6:02:02	21:02:02
46.487	74	0:05:07	0:08:09	0:08:14	6:22:30	21:22:30
47.115	75	0:06:30	0:10:21	0:08:15	6:29:00	21:29:00
49.628	79	0:05:07	0:08:09	0:08:15	6:49:28	21:49:28
50.256	80	0:05:27	0:08:41	0:08:15	6:54:55	21:54:55
52.769	84	0:05:07	0:08:09	0:08:15	7:15:23	22:15:23
53.397	85	0:05:27	0:08:41	0:08:15	7:20:50	22:20:50
55.910	89	0:05:07	0:08:09	0:08:15	7:41:18	22:41:18
56.538	90	0:05:27	0:08:41	0:08:15	7:46:45	22:46:45
59.051	94	0:05:07	0:08:09	0:08:15	8:07:13	23:07:13
59.679	95	0:05:27	0:08:41	0:08:15	8:12:40	23:12:40
62.192	99	0:05:07	0:08:09	0:08:15	8:33:08	23:33:08
62.820	100	0:05:27	0:08:41	0:08:15	8:38:35	23:38:35
65.333	104	0:06:40	0:10:37	0:08:21	9:05:15	0:05:15
65.961	105	0:05:27	0:08:41	0:08:21	9:10:42	0:10:42
68.474	109	0:05:07	0:08:09	0:08:20	9:31:10	0:31:10
69.102	110	0:05:27	0:08:41	0:08:21	9:36:37	0:36:37
71.615	114	0:05:07	0:08:09	0:08:20	9:57:05	0:57:05
72.243	115	0:05:27	0:08:41	0:08:20	10:02:32	1:02:32
74.756	119	0:05:07	0:08:09	0:08:20	10:23:00	1:23:00
75.384	120	0:05:27	0:08:41	0:08:20	10:28:27	1:28:27

里程	圈數	圈時間	圈配速	均速	總時間	時間
77.897	124	0:05:10	0:08:13	0:08:20	10:49:07	1:49:07
78.525	125	0:05:30	0:08:45	0:08:20	10:54:37	1:54:37
81.038	129	0:05:10	0:08:13	0:08:20	11:15:17	2:15:17
81.666	130	0:06:30	0:10:21	0:08:21	11:21:47	2:21:47
84.179	134	0:05:10	0:08:13	0:08:21	11:42:27	2:42:27
84.807	135	0:05:30	0:08:45	0:08:21	11:47:57	2:47:57
87.320	139	0:05:10	0:08:13	0:08:21	12:08:37	3:08:37
87.948	140	0:05:30	0:08:45	0:08:21	12:14:07	3:14:07
90.461	144	0:05:10	0:08:13	0:08:21	12:34:47	3:34:47
91.089	145	0:05:30	0:08:45	0:08:21	12:40:17	3:40:17
93.602	149	0:05:10	0:08:13	0:08:21	13:00:57	4:00:57
94.230	150	0:05:30	0:08:45	0:08:21	13:06:27	4:06:27
96.743	154	0:05:10	0:08:13	0:08:21	13:27:07	4:27:07
97.371	155	0:06:30	0:10:21	0:08:21	13:33:37	4:33:37
99.884	159	0:05:10	0:08:13	0:08:21	13:54:17	4:54:17
100.512	160	0:05:30	0:08:45	0:08:21	13:59:47	4:59:47
103.025	164	0:05:10	0:08:13	0:08:21	14:20:27	5:20:27
103.653	165	0:05:30	0:08:45	0:08:21	14:25:57	5:25:57
106.166	169	0:05:10	0:08:13	0:08:21	14:46:37	5:46:37
106.794	170	0:05:30	0:08:45	0:08:21	14:52:07	5:52:07
109.307	174	0:05:10	0:08:13	0:08:21	15:12:47	6:12:47
109.935	175	0:05:30	0:08:45	0:08:21	15:18:17	6:18:17
112.448	179	0:06:50	0:10:53	0:08:25	15:45:37	6:45:37
113.076	180	0:05:30	0:08:45	0:08:25	15:51:07	6:51:07

里程	圈數	圈時間	圈配速	均速	總時間	時間
115.589	184	0:05:13	0:08:18	0:08:25	16:11:59	7:11:59
116.217	185	0:05:33	0:08:50	0:08:25	16:17:32	7:17:32
118.730	189	0:05:13	0:08:18	0:08:25	16:38:24	7:38:24
119.358	190	0:05:33	0:08:50	0:08:25	16:43:57	7:43:57
121.871	194	0:05:13	0:08:18	0:08:25	17:04:49	8:04:49
122.499	195	0:05:33	0:08:50	0:08:25	17:10:22	8:10:22
125.012	199	0:05:13	0:08:18	0:08:25	17:31:14	8:31:14
125.640	200	0:06:30	0:10:21	0:08:25	17:37:44	8:37:44
128.153	204	0:05:13	0:08:18	0:08:25	17:58:36	8:58:36
128.781	205	0:05:33	0:08:50	0:08:25	18:04:09	9:04:09
131.294	209	0:05:13	0:08:18	0:08:25	18:25:01	9:25:01
131.922	210	0:05:33	0:08:50	0:08:25	18:30:34	9:30:34
134.435	214	0:05:13	0:08:18	0:08:25	18:51:26	9:51:26
135.063	215	0:05:33	0:08:50	0:08:25	18:56:59	9:56:59
137.576	219	0:05:13	0:08:18	0:08:25	19:17:51	10:17:51
138.204	220	0:06:30	0:10:21	0:08:25	19:24:21	10:24:21
140.717	224	0:05:33	0:08:50	0:08:25	19:45:13	10:45:13
141.345	225	0:05:33	0:08:50	0:08:25	19:50:46	10:50:46
143.858	229	0:05:13	0:08:18	0:08:25	20:11:38	11:11:38
144.486	230	0:05:33	0:08:50	0:08:25	20:17:11	11:17:11
146.999	234	0:05:13	0:08:18	0:08:25	20:38:03	11:38:03
147.627	235	0:05:33	0:08:50	0:08:25	20:43:36	11:43:36
150.140	239	0:05:13	0:08:18	0:08:25	21:04:28	12:04:28
150.768	240	0:05:33	0:08:50	0:08:25	21:10:01	12:10:01

里程	圈數	圈時間	圈配速	均速	總時間	時間
153.281	244	0:07:00	0:11:09	0:08:28	21:38:01	12:38:01
153.909	245	0:05:37	0:08:56	0:08:28	21:43:38	12:43:38
156.422	249	0:05:17	0:08:25	0:08:28	22:04:46	13:04:46
157.050	250	0:05:37	0:08:56	0:08:28	22:10:23	13:10:23
159.563	254	0:05:17	0:08:25	0:08:28	22:31:31	13:31:31
160.191	255	0:05:37	0:08:56	0:08:28	22:37:08	13:37:08
162.704	259	0:05:17	0:08:25	0:08:28	22:58:16	13:58:16
163.332	260	0:05:37	0:08:56	0:08:28	23:03:53	14:03:53
165.845	264	0:05:17	0:08:25	0:08:28	23:25:01	14:25:01
166.473	265	0:06:30	0:10:21	0:08:29	23:31:31	14:31:31
168.986	269	0:05:17	0:08:25	0:08:29	23:52:39	14:52:39
169.614	270	0:05:37	0:08:56	0:08:29	23:58:16	14:58:16
172.127	274	0:05:17	0:08:25	0:08:29	24:19:24	15:19:24
172.755	275	0:05:37	0:08:56	0:08:29	24:25:01	15:25:01
175.268	279	0:05:17	0:08:25	0:08:29	24:46:09	15:46:09
175.896	280	0:05:37	0:08:56	0:08:29	24:51:46	15:51:46
178.409	284	0:05:17	0:08:25	0:08:29	25:12:54	16:12:54
179.037	285	0:06:30	0:10:21	0:08:29	25:19:24	16:19:24
181.550	289	0:05:17	0:08:25	0:08:29	25:40:32	16:40:32
182.178	290	0:05:37	0:08:56	0:08:29	25:46:09	16:46:09
184.691	294	0:05:17	0:08:25	0:08:29	26:07:17	17:07:17
185.319	295	0:05:37	0:08:56	0:08:29	26:12:54	17:12:54
187.832	299	0:05:17	0:08:25	0:08:29	26:34:02	17:34:02
188.460	300	0:05:37	0:08:56	0:08:29	26:39:39	17:39:39

24小時內跑到略高於中標328K的一半

里程	圈數	圈時間	圈配速	均速	總時間	時間
190.973	304	0:05:21	0:08:31	0:08:29	27:01:03	18:01:03
191.601	305	0:05:41	0:09:03	0:08:29	27:06:44	18:06:44
194.114	309	0:07:10	0:11:24	0:08:32	27:35:24	18:35:24
194.742	310	0:05:41	0:09:03	0:08:32	27:41:05	18:41:05
197.255	314	0:05:21	0:08:31	0:08:32	28:02:29	19:02:29
197.883	315	0:05:41	0:09:03	0:08:32	28:08:10	19:08:10
200.396	319	0:05:21	0:08:31	0:08:32	28:29:34	19:29:34
201.024	320	0:05:41	0:09:03	0:08:32	28:35:15	19:35:15
203.537	324	0:05:21	0:08:31	0:08:32	28:56:39	19:56:39
204.165	325	0:05:41	0:09:03	0:08:32	29:02:20	20:02:20
206.678	329	0:05:21	0:08:31	0:08:32	29:23:44	20:23:44
207.306	330	0:06:30	0:10:21	0:08:32	29:30:14	20:30:14
209.819	334	0:05:21	0:08:31	0:08:32	29:51:38	20:51:38
210.447	335	0:05:41	0:09:03	0:08:32	29:57:19	20:57:19
212.960	339	0:05:21	0:08:31	0:08:32	30:18:43	21:18:43
213.588	340	0:05:41	0:09:03	0:08:33	30:24:24	21:24:24
216.101	344	0:05:21	0:08:31	0:08:32	30:45:48	21:45:48
216.729	345	0:05:41	0:09:03	0:08:33	30:51:29	21:51:29
219.242	349	0:05:21	0:08:31	0:08:33	31:12:53	22:12:53
219.870	350	0:06:30	0:10:21	0:08:33	31:19:23	22:19:23
222.383	354	0:05:21	0:08:31	0:08:33	31:40:47	22:40:47
223.011	355	0:05:41	0:09:03	0:08:33	31:46:28	22:46:28
225.524	359	0:05:21	0:08:31	0:08:33	32:07:52	23:07:52
226.152	360	0:05:41	0:09:03	0:08:33	32:13:33	23:13:33

里程	圈數	圈時間	圈配速	均速	總時間	時間
228.665	364	0:05:31	0:08:47	0:08:33	32:35:37	23:35:37
229.293	365	0:05:51	0:09:19	0:08:33	32:41:28	23:41:28
231.806	369	0:05:31	0:08:47	0:08:33	33:03:32	0:03:32
232.434	370	0:05:51	0:09:19	0:08:34	33:09:23	0:09:23
234.947	374	0:07:20	0:11:40	0:08:36	33:38:43	0:38:43
235.575	375	0:05:51	0:09:19	0:08:36	33:44:34	0:44:34
238.088	379	0:05:31	0:08:47	0:08:36	34:06:38	1:06:38
238.716	380	0:05:51	0:09:19	0:08:36	34:12:29	1:12:29
241.229	384	0:05:31	0:08:47	0:08:36	34:34:33	1:34:33
241.857	385	0:05:51	0:09:19	0:08:36	34:40:24	1:40:24
244.370	389	0:05:31	0:08:47	0:08:36	35:02:28	2:02:28
244.998	390	0:05:51	0:09:19	0:08:36	35:08:19	2:08:19
247.511	394	0:05:31	0:08:47	0:08:36	35:30:23	2:30:23
248.139	395	0:06:30	0:10:21	0:08:37	35:36:53	2:36:53
250.652	399	0:05:31	0:08:47	0:08:37	35:58:57	2:58:57
251.280	400	0:05:51	0:09:19	0:08:37	36:04:48	3:04:48
253.793	404	0:05:31	0:08:47	0:08:37	36:26:52	3:26:52
254.421	405	0:05:51	0:09:19	0:08:37	36:32:43	3:32:43
256.934	409	0:05:31	0:08:47	0:08:37	36:54:47	3:54:47
257.562	410	0:05:51	0:09:19	0:08:37	37:00:38	4:00:38
260.075	414	0:05:31	0:08:47	0:08:37	37:22:42	4:22:42
260.703	415	0:06:30	0:10:21	0:08:38	37:29:12	4:29:12
263.216	419	0:05:31	0:08:47	0:08:38	37:51:16	4:51:16
263.844	420	0:05:51	0:09:19	0:08:38	37:57:07	4:57:07

里程	圈數	圈時間	圈配速	均速	總時間	時間
266.357	424	0:05:41	0:09:03	0:08:38	38:19:51	5:19:51
266.985	425	0:06:01	0:09:35	0:08:38	38:25:52	5:25:52
269.498	429	0:05:41	0:09:03	0:08:38	38:48:36	5:48:36
270.126	430	0:06:01	0:09:35	0:08:39	38:54:37	5:54:37
272.639	434	0:05:41	0:09:03	0:08:39	39:17:21	6:17:21
273.267	435	0:06:01	0:09:35	0:08:39	39:23:22	6:23:22
275.780	439	0:07:30	0:11:56	0:08:41	39:53:22	6:53:22
276.408	440	0:06:01	0:09:35	0:08:41	39:59:23	6:59:23
278.921	444	0:05:41	0:09:03	0:08:41	40:22:07	7:22:07
279.549	445	0:06:01	0:09:35	0:08:41	40:28:08	7:28:08
282.062	449	0:05:41	0:09:03	0:08:41	40:50:52	7:50:52
282.690	450	0:06:01	0:09:35	0:08:41	40:56:53	7:56:53
285.203	454	0:05:41	0:09:03	0:08:42	41:19:37	8:19:37
285.831	455	0:06:01	0:09:35	0:08:42	41:25:38	8:25:38
288.344	459	0:05:41	0:09:03	0:08:42	41:48:22	8:48:22
288.972	460	0:06:30	0:10:21	0:08:42	41:54:52	8:54:52
291.485	464	0:05:41	0:09:03	0:08:42	42:17:36	9:17:36
292.113	465	0:06:01	0:09:35	0:08:42	42:23:37	9:23:37
294.626	469	0:05:41	0:09:03	0:08:43	42:46:21	9:46:21
295.254	470	0:06:01	0:09:35	0:08:43	42:52:22	9:52:22
297.767	474	0:05:41	0:09:03	0:08:43	43:15:06	10:15:06
298.395	475	0:06:01	0:09:35	0:08:43	43:21:07	10:21:07
300.908	479	0:05:41	0:09:03	0:08:43	43:43:51	10:43:51
301.536	480	0:06:30	0:10:21	0:08:43	43:50:21	10:50:21

中標的配速
在43:43:51
時跑到低標 ▶

里程	圈數	圈時間	圈配速	均速	總時間	時間
304.049	484	0:05:41	0:09:03	0:08:44	44:13:05	11:13:05
304.677	485	0:06:01	0:09:35	0:08:44	44:19:06	11:19:06
307.190	489	0:05:41	0:09:03	0:08:44	44:41:50	11:41:50
307.818	490	0:06:01	0:09:35	0:08:44	44:47:51	11:47:51
310.331	494	0:05:41	0:09:03	0:08:44	45:10:35	12:10:35
310.959	495	0:06:30	0:10:21	0:08:44	45:17:05	12:17:05
313.472	499	0:05:41	0:09:03	0:08:44	45:39:49	12:39:49
314.100	500	0:06:01	0:09:35	0:08:45	45:45:50	12:45:50
316.613	504	0:05:41	0:09:03	0:08:45	46:08:34	13:08:34
317.241	505	0:06:01	0:09:35	0:08:45	46:14:35	13:14:35
319.754	509	0:05:41	0:09:03	0:08:45	46:37:19	13:37:19
320.382	510	0:06:30	0:10:21	0:08:45	46:43:49	13:43:49
322.895	514	0:05:41	0:09:03	0:08:45	47:06:33	14:06:33
323.523	515	0:06:01	0:09:35	0:08:45	47:12:34	14:12:34
326.036	519	0:05:41	0:09:03	0:08:45	47:35:18	14:35:18
326.664	520	0:06:01	0:09:35	0:08:46	47:41:19	14:41:19
328.549	523	0:05:41	0:09:03	0:08:45	47:58:22	14:58:22
330.433	526	0:06:01	0:09:35	0:08:46	0:10:24	15:10:24
332.318	529	0:05:41	0:09:03	0:08:45	0:27:27	15:27:27
332.946	530	0:06:01	0:09:35	0:08:45	0:33:28	15:33:28
335.459	534	0:05:41	0:09:03	0:08:45	0:56:12	15:56:12
336.087	535	0:06:01	0:09:35	0:08:45	1:02:13	16:02:13
338.600	539	0:05:41	0:09:03	0:08:45	1:24:57	16:24:57
339.228	540	0:06:01	0:09:35	0:08:45	1:30:58	16:30:58

◀ 48小時內
完成中標

低標 300K 配速　　　　　　　　　　　　　　1K ～ 37K

里程	圈數	圈時間	圈配速	均速	總時間	時間
2.513	4	0:05:04	0:08:04	0:08:04	0:20:16	15:20:16
3.141	5	0:05:24	0:08:36	0:08:10	0:25:40	15:25:40
5.654	9	0:05:04	0:08:04	0:08:07	0:45:56	15:45:56
6.282	10	0:05:24	0:08:36	0:08:10	0:51:20	15:51:20
8.795	14	0:05:04	0:08:04	0:08:08	1:11:36	16:11:36
9.423	15	0:05:24	0:08:36	0:08:10	1:17:00	16:17:00
11.936	19	0:05:04	0:08:04	0:08:09	1:37:16	16:37:16
12.564	20	0:05:24	0:08:36	0:08:10	1:42:40	16:42:40
15.077	24	0:05:04	0:08:04	0:08:09	2:02:56	17:02:56
15.705	25	0:06:30	0:10:21	0:08:14	2:09:26	17:09:26
18.218	29	0:05:04	0:08:04	0:08:13	2:29:42	17:29:42
18.846	30	0:05:24	0:08:36	0:08:14	2:35:06	17:35:06
21.359	34	0:05:04	0:08:04	0:08:13	2:55:22	17:55:22
21.987	35	0:05:24	0:08:36	0:08:13	3:00:46	18:00:46
24.500	39	0:05:04	0:08:04	0:08:12	3:21:02	18:21:02
25.128	40	0:05:24	0:08:36	0:08:13	3:26:26	18:26:26
27.641	44	0:05:04	0:08:04	0:08:12	3:46:42	18:46:42
28.269	45	0:05:24	0:08:36	0:08:13	3:52:06	18:52:06
30.782	49	0:05:04	0:08:04	0:08:12	4:12:22	19:12:22
31.410	50	0:06:30	0:10:21	0:08:14	4:18:52	19:18:52
33.923	54	0:05:04	0:08:04	0:08:14	4:39:08	19:39:08
34.551	55	0:05:24	0:08:36	0:08:14	4:44:32	19:44:32
37.064	59	0:05:04	0:08:04	0:08:13	5:04:48	20:04:48
37.692	60	0:05:24	0:08:36	0:08:14	5:10:12	20:10:12

里程	圈數	圈時間	圈配速	均速	總時間	時間
40.205	64	0:05:07	0:08:09	0:08:13	5:30:40	20:30:40
40.833	65	0:05:27	0:08:41	0:08:14	5:36:07	20:36:07
43.346	69	0:05:07	0:08:09	0:08:14	5:56:35	20:56:35
43.974	70	0:05:27	0:08:41	0:08:14	6:02:02	21:02:02
46.487	74	0:05:07	0:08:09	0:08:14	6:22:30	21:22:30
47.115	75	0:06:30	0:10:21	0:08:15	6:29:00	21:29:00
49.628	79	0:05:07	0:08:09	0:08:15	6:49:28	21:49:28
50.256	80	0:05:27	0:08:41	0:08:15	6:54:55	21:54:55
52.769	84	0:05:07	0:08:09	0:08:15	7:15:23	22:15:23
53.397	85	0:05:27	0:08:41	0:08:15	7:20:50	22:20:50
55.910	89	0:05:07	0:08:09	0:08:15	7:41:18	22:41:18
56.538	90	0:05:27	0:08:41	0:08:15	7:46:45	22:46:45
59.051	94	0:05:07	0:08:09	0:08:15	8:07:13	23:07:13
59.679	95	0:05:27	0:08:41	0:08:15	8:12:40	23:12:40
62.192	99	0:05:07	0:08:09	0:08:15	8:33:08	23:33:08
62.820	100	0:05:27	0:08:41	0:08:15	8:38:35	23:38:35
65.333	104	0:06:40	0:10:37	0:08:21	9:05:15	0:05:15
65.961	105	0:05:27	0:08:41	0:08:21	9:10:42	0:10:42
68.474	109	0:05:07	0:08:09	0:08:20	9:31:10	0:31:10
69.102	110	0:05:27	0:08:41	0:08:21	9:36:37	0:36:37
71.615	114	0:05:07	0:08:09	0:08:20	9:57:05	0:57:05
72.243	115	0:05:27	0:08:41	0:08:20	10:02:32	1:02:32
74.756	119	0:05:07	0:08:09	0:08:20	10:23:00	1:23:00
75.384	120	0:05:27	0:08:41	0:08:20	10:28:27	1:28:27

里程	圈數	圈時間	圈配速	均速	總時間	時間
77.897	124	0:05:10	0:08:13	0:08:20	10:49:07	1:49:07
78.525	125	0:05:30	0:08:45	0:08:20	10:54:37	1:54:37
81.038	129	0:05:10	0:08:13	0:08:20	11:15:17	2:15:17
81.666	130	0:06:30	0:10:21	0:08:21	11:21:47	2:21:47
84.179	134	0:05:10	0:08:13	0:08:21	11:42:27	2:42:27
84.807	135	0:05:30	0:08:45	0:08:21	11:47:57	2:47:57
87.320	139	0:05:10	0:08:13	0:08:21	12:08:37	3:08:37
87.948	140	0:05:30	0:08:45	0:08:21	12:14:07	3:14:07
90.461	144	0:05:10	0:08:13	0:08:21	12:34:47	3:34:47
91.089	145	0:05:30	0:08:45	0:08:21	12:40:17	3:40:17
93.602	149	0:05:10	0:08:13	0:08:21	13:00:57	4:00:57
94.230	150	0:05:30	0:08:45	0:08:21	13:06:27	4:06:27
96.743	154	0:05:10	0:08:13	0:08:21	13:27:07	4:27:07
97.371	155	0:06:30	0:10:21	0:08:21	13:33:37	4:33:37
99.884	159	0:05:10	0:08:13	0:08:21	13:54:17	4:54:17
100.512	160	0:05:30	0:08:45	0:08:21	13:59:47	4:59:47
103.025	164	0:05:10	0:08:13	0:08:21	14:20:27	5:20:27
103.653	165	0:05:30	0:08:45	0:08:21	14:25:57	5:25:57
106.166	169	0:05:10	0:08:13	0:08:21	14:46:37	5:46:37
106.794	170	0:05:30	0:08:45	0:08:21	14:52:07	5:52:07
109.307	174	0:05:10	0:08:13	0:08:21	15:12:47	6:12:47
109.935	175	0:05:30	0:08:45	0:08:21	15:18:17	6:18:17
112.448	179	0:06:50	0:10:53	0:08:25	15:45:37	6:45:37
113.076	180	0:05:30	0:08:45	0:08:25	15:51:07	6:51:07

里程	圈數	圈時間	圈配速	均速	總時間	時間
115.589	184	0:05:13	0:08:18	0:08:25	16:11:59	7:11:59
116.217	185	0:05:33	0:08:50	0:08:25	16:17:32	7:17:32
118.730	189	0:05:13	0:08:18	0:08:25	16:38:24	7:38:24
119.358	190	0:05:33	0:08:50	0:08:25	16:43:57	7:43:57
121.871	194	0:05:13	0:08:18	0:08:25	17:04:49	8:04:49
122.499	195	0:05:33	0:08:50	0:08:25	17:10:22	8:10:22
125.012	199	0:05:13	0:08:18	0:08:25	17:31:14	8:31:14
125.640	200	0:06:30	0:10:21	0:08:25	17:37:44	8:37:44
128.153	204	0:05:13	0:08:18	0:08:25	17:58:36	8:58:36
128.781	205	0:05:33	0:08:50	0:08:25	18:04:09	9:04:09
131.294	209	0:05:13	0:08:18	0:08:25	18:25:01	9:25:01
131.922	210	0:05:33	0:08:50	0:08:25	18:30:34	9:30:34
134.435	214	0:05:13	0:08:18	0:08:25	18:51:26	9:51:26
135.063	215	0:05:33	0:08:50	0:08:25	18:56:59	9:56:59
137.576	219	0:05:13	0:08:18	0:08:25	19:17:51	10:17:51
138.204	220	0:06:30	0:10:21	0:08:25	19:24:21	10:24:21
140.717	224	0:05:13	0:08:18	0:08:25	19:45:13	10:45:13
141.345	225	0:05:33	0:08:50	0:08:25	19:50:46	10:50:46
143.858	229	0:05:13	0:08:18	0:08:25	20:11:38	11:11:38
144.486	230	0:05:33	0:08:50	0:08:25	20:17:11	11:17:11
146.999	234	0:05:13	0:08:18	0:08:25	20:38:03	11:38:03
147.627	235	0:05:33	0:08:50	0:08:25	20:43:36	11:43:36
150.140	239	0:05:13	0:08:18	0:08:25	21:04:28	12:04:28
150.768	240	0:05:33	0:08:50	0:08:25	21:10:01	12:10:01

里程	圈數	圈時間	圈配速	均速	總時間	時間
153.281	244	0:08:00	0:12:44	0:08:30	21:42:01	12:42:01
153.909	245	0:06:03	0:09:38	0:08:30	21:48:04	12:48:04
156.422	249	0:05:43	0:09:06	0:08:31	22:10:56	13:10:56
157.050	250	0:06:03	0:09:38	0:08:31	22:16:59	13:16:59
159.563	254	0:05:43	0:09:06	0:08:31	22:39:51	13:39:51
160.191	255	0:07:00	0:11:09	0:08:32	22:46:51	13:46:51
162.704	259	0:05:43	0:09:06	0:08:32	23:09:43	14:09:43
163.332	260	0:06:03	0:09:38	0:08:33	23:15:46	14:15:46
165.845	264	0:05:43	0:09:06	0:08:33	23:38:38	14:38:38
166.473	265	0:06:03	0:09:38	0:08:33	23:44:41	14:44:41
168.986	269	0:05:43	0:09:06	0:08:34	24:07:33	15:07:33
169.614	270	0:07:00	0:11:09	0:08:35	24:14:33	15:14:33
172.127	274	0:05:43	0:09:06	0:08:35	24:37:25	15:37:25
172.755	275	0:06:03	0:09:38	0:08:35	24:43:28	15:43:28
175.268	279	0:05:43	0:09:06	0:08:36	25:06:20	16:06:20
175.896	280	0:06:03	0:09:38	0:08:36	25:12:23	16:12:23
178.409	284	0:05:43	0:09:06	0:08:36	25:35:15	16:35:15
179.037	285	0:07:00	0:11:09	0:08:37	25:42:15	16:42:15
181.550	289	0:05:43	0:09:06	0:08:37	26:05:07	17:05:07
182.178	290	0:06:03	0:09:38	0:08:37	26:11:10	17:11:10
184.691	294	0:05:43	0:09:06	0:08:38	26:34:02	17:34:02
185.319	295	0:06:03	0:09:38	0:08:38	26:40:05	17:40:05
187.832	299	0:05:43	0:09:06	0:08:38	27:02:57	18:02:57
188.460	300	0:07:00	0:11:09	0:08:39	27:09:57	18:09:57

里程	圈數	圈時間	圈配速	均速	總時間	時間
190.973	304	0:08:00	0:12:44	0:08:42	27:41:57	18:41:57
191.601	305	0:06:33	0:10:26	0:08:42	27:48:30	18:48:30
194.114	309	0:06:13	0:09:54	0:08:43	28:13:22	19:13:22
194.742	310	0:06:33	0:10:26	0:08:44	28:19:55	19:19:55
197.255	314	0:06:13	0:09:54	0:08:45	28:44:47	19:44:47
197.883	315	0:07:30	0:11:56	0:08:45	28:52:17	19:52:17
200.396	319	0:06:13	0:09:54	0:08:46	29:17:09	20:17:09
201.024	320	0:06:33	0:10:26	0:08:46	29:23:42	20:23:42
203.537	324	0:06:13	0:09:54	0:08:47	29:48:34	20:48:34
204.165	325	0:06:33	0:10:26	0:08:48	29:55:07	20:55:07
206.678	329	0:06:13	0:09:54	0:08:48	30:19:59	21:19:59
207.306	330	0:07:30	0:11:56	0:08:49	30:27:29	21:27:29
209.819	334	0:06:13	0:09:54	0:08:50	30:52:21	21:52:21
210.447	335	0:06:33	0:10:26	0:08:50	30:58:54	21:58:54
212.960	339	0:06:13	0:09:54	0:08:51	31:23:46	22:23:46
213.588	340	0:06:33	0:10:26	0:08:51	31:30:19	22:30:19
216.101	344	0:06:13	0:09:54	0:08:52	31:55:11	22:55:11
216.729	345	0:07:30	0:11:56	0:08:52	32:02:41	23:02:41
219.242	349	0:06:13	0:09:54	0:08:53	32:27:33	23:27:33
219.870	350	0:06:33	0:10:26	0:08:53	32:34:06	23:34:06
222.383	354	0:06:13	0:09:54	0:08:54	32:58:58	23:58:58
223.011	355	0:06:33	0:10:26	0:08:54	33:05:31	0:05:31
225.524	359	0:08:00	0:12:44	0:08:57	33:37:31	0:37:31
226.152	360	0:06:33	0:10:26	0:08:57	33:44:04	0:44:04

里程	圈數	圈時間	圈配速	均速	總時間	時間
228.665	364	0:06:43	0:10:42	0:08:58	34:10:56	1:10:56
229.293	365	0:07:03	0:11:13	0:08:59	34:17:59	1:17:59
231.806	369	0:06:43	0:10:42	0:09:00	34:44:51	1:44:51
232.434	370	0:08:00	0:12:44	0:09:00	34:52:51	1:52:51
234.947	374	0:06:43	0:10:42	0:09:01	35:19:43	2:19:43
235.575	375	0:07:03	0:11:13	0:09:02	35:26:46	2:26:46
238.088	379	0:06:43	0:10:42	0:09:03	35:53:38	2:53:38
238.716	380	0:08:00	0:12:44	0:09:03	36:01:38	3:01:38
241.229	384	0:06:43	0:10:42	0:09:04	36:28:30	3:28:30
241.857	385	0:07:03	0:11:13	0:09:05	36:35:33	3:35:33
244.370	389	0:06:43	0:10:42	0:09:06	37:02:25	4:02:25
244.998	390	0:08:00	0:12:44	0:09:06	37:10:25	4:10:25
247.511	394	0:06:43	0:10:42	0:09:07	37:37:17	4:37:17
248.139	395	0:07:03	0:11:13	0:09:08	37:44:20	4:44:20
250.652	399	0:06:43	0:10:42	0:09:08	38:11:12	5:11:12
251.280	400	0:08:00	0:12:44	0:09:09	38:19:12	5:19:12
253.793	404	0:06:43	0:10:42	0:09:10	38:46:04	5:46:04
254.421	405	0:07:03	0:11:13	0:09:10	38:53:07	5:53:07
256.934	409	0:06:43	0:10:42	0:09:11	39:19:59	6:19:59
257.562	410	0:07:03	0:11:13	0:09:11	39:27:02	6:27:02
260.075	414	0:09:00	0:14:20	0:09:14	40:03:02	7:03:02
260.703	415	0:07:03	0:11:13	0:09:15	40:10:05	7:10:05
263.216	419	0:06:43	0:10:42	0:09:16	40:36:57	7:36:57
263.844	420	0:08:00	0:12:44	0:09:16	40:44:57	7:44:57

里程	圈數	圈時間	圈配速	均速	總時間	時間
266.357	424	0:07:13	0:11:29	0:09:17	41:13:49	8:13:49
266.985	425	0:07:33	0:12:01	0:09:18	41:21:22	8:21:22
269.498	429	0:07:13	0:11:29	0:09:19	41:50:14	8:50:14
270.126	430	0:08:30	0:13:32	0:09:19	41:58:44	8:58:44
272.639	434	0:07:13	0:11:29	0:09:21	42:27:36	9:27:36
273.267	435	0:07:33	0:12:01	0:09:21	42:35:09	9:35:09
275.780	439	0:07:13	0:11:29	0:09:22	43:04:01	10:04:01
276.408	440	0:08:30	0:13:32	0:09:23	43:12:31	10:12:31
278.921	444	0:07:13	0:11:29	0:09:24	43:41:23	10:41:23
279.549	445	0:07:33	0:12:01	0:09:24	43:48:56	10:48:56
282.062	449	0:07:13	0:11:29	0:09:25	44:17:48	11:17:48
282.690	450	0:07:33	0:12:01	0:09:26	44:25:21	11:25:21
285.203	454	0:09:00	0:14:20	0:09:28	45:01:21	12:01:21
285.831	455	0:07:33	0:12:01	0:09:29	45:08:54	12:08:54
288.344	459	0:07:13	0:11:29	0:09:30	45:37:46	12:37:46
288.972	460	0:07:33	0:12:01	0:09:30	45:45:19	12:45:19
291.485	464	0:07:13	0:11:29	0:09:31	46:14:11	13:14:11
292.113	465	0:08:30	0:13:32	0:09:32	46:22:41	13:22:41
294.626	469	0:07:13	0:11:29	0:09:33	46:51:33	13:51:33
295.254	470	0:07:33	0:12:01	0:09:33	46:59:06	13:59:06
297.767	474	0:07:13	0:11:29	0:09:34	47:27:58	14:27:58
298.395	475	0:08:30	0:13:32	0:09:34	47:36:28	14:36:28
300.280	478	0:07:13	0:11:29	0:09:34	47:58:07	14:58:07
301.536	480	0:07:33	0:12:01	0:09:36	48:13:13	15:13:13

48小時內
完成低標

（四）練習時配速：前 **24** 小時完成 **340** 到 **350** 公里以上配速練習

100 公里需在 13 小時 30 分內，含休息均速需在 8 分 6 秒內完成，且不累才行。

18 小時需完成 132 公里以上，含休息均速需在 8 分 11 秒內完成，且不累才行。

24 小時內跑完 175 公里，含休息均速需維持在 8 分 14 秒內完成，且不累才行。

（五）實際比賽：一開跑以高標 **330** 公里配速，過程中有任何問題先降中標，如果還有問題才守低標

設定目標：訂在 330 公里以上。（高標）

前 24 小時設定 173 公里，含休息均速需維持在 8 分 19 秒內。

後 24 小時設定 158 公里，含休息均速需維持在 9 分 7 秒內。

如果跑完 24 小時 173 公里後，有任何問題調降目標到中標 328 公里，中標 328 公里後 24 小時 155 公里配速，含休息均速需維持在 9 分 17 秒內。

如果還是有問題再降 300 公里配速，後 24 小時跑低標 127 公里，低標 300 公里後 24 小時 127 公里配速，含休息均速需維持在 11 分 20 秒內。

另外，也跟各位分享 48 小時超馬實際場上發生的狀況、與其他選手應對的攻防及小故事。

比賽前，我都會先查詢參賽選手名單，了解有多少人參加、有多少人是先前有參加過賽事的選手，而這之中，又有哪幾位曾經排名比我前面，特別去留意。當然不是說一定要（也不一定可以）追過他們，但我想去了解他們在這些年的表現，跟我相比，是否有更往前，也就是說，我的能力是離他們更靠近，或是離得愈來愈遠，以此推估在最後關頭我與他們的差距會有多少。當然，每年都會出現陌生的跑者，可能是第一次參加，或是原先排名在我之後，所以一開賽，槍響的那刻，我就開始觀察場上的其他對手。

我這幾年的總排成績都排在前十名，但是比賽一開始，我幾乎都是跑在倒數五名內，接著再從最後不斷往前，到總排 10 名內、男排 5 名內。被我追過的選手，很少可以反超我，因為我前 24 小時是保留力氣、保守的跑，以待後 24 小時的輸出，我的優勢就是比賽後半部的耐力、續航力。

場上每位選手都代表一個數據，我會將他們收進我的資料庫中，在 10、20、30、40 到最後 48 小時都去觀察對方

的狀況，中間被我超越的對手就結束觀察，把時間與精神集中在我之前的選手，因此最後大約就是有 10 位在我之前的選手是我從頭到尾會去觀察的，這些在我伯仲之間或是贏過我的人就是我需要去學習他們的跑法。

第 1 年（2020 年）參加 48 小時超馬時，因為幾乎是零經驗，我的配速也還沒有很精準，所以原本預計的目標是跑到 300 公里，頂多 310 公里左右，但實際卻跑了超出預期的成績，我想這跟場上與其他選手的攻防有很多的關聯。當時在我之後有兩位日本選手，跟我差距伯仲之間，最後男排總成績我是第 5 名，第 6 名的日本選手跟我差距僅有 200 多公尺，也就是半圈而已。這兩位日本選手在比賽期間其實跟我是不斷抗衡，一位以速度、一位以耐力夾攻我，交互休息掩護。前期第 7 名選手速度比較快，所以我以為我的競爭對手是他，但到後期才知道第 6 名的強項在耐力，因此我與他決戰到最後一分一秒，兩個人都堅持不放棄，最後終於分出勝負，我成功的壓制他們，保住了第五名。

第 3 年（2022 年）我的男排是第 2 名，我與第 3 名選手其實在場上也是互相觀察分析，我們的目標都是 300 公里，我採取的策略是前期先不與他競爭圈數，保留體力在後期，這樣到最後距離差不多時，我就可以在最後 10 分鐘衝刺。

選手姓名	成績	總排名	組別	競賽項目	競賽名稱
Name	Record	Rank	Race Group	Race Items	Race Title
竹田賢治	356.386 KM	1	M55	48H	2020臺北超級馬拉松
曾哲信	347.467 KM	2	M50	48H	2020臺北超級馬拉松
汪道遠	335.490 KM	3	M55	48H	2020臺北超級馬拉松
梅澤功	327.876 KM	4	M55	48H	2020臺北超級馬拉松
魏嘉鴻	313.674 KM	5	M45	48H	2020臺北超級馬拉松
山口淳史	313.387 KM	6	M60	48H	2020臺北超級馬拉松
三井田明隆	312.295 KM	7	M55	48H	2020臺北超級馬拉松

從表中可看出與第 6、7 名的差距

我原本就有自己的配速，但為了與場上的選手競爭，也會隨時調整，因此我在最後 10 小時會根據對方的節奏重新調整配速，因為我沒辦法去預測他人的狀況，所以我必須根據對他的觀察，確保我的配速讓自己可以在最後是可以贏過他的。這年我的成績是 302 公里。

第 4 年（2023 年）我的目標是國家標準 328 公里，與我競爭的也是一名日本選手。到 320 公里左右，我察覺到他已經沒力，所以我就專心把我的目標守好。但如果這時候他的狀況還是很好，那我就會選擇與他競爭，守住名次。

這就是根據場上不同的狀況有不同的作戰方式，所以我還是要重申一次，超跑絕對不是埋頭苦跑，場上的狀況一定要注意並隨時調整自己的策略，因此在練習時也要盡量思考可能發生的狀況，以提前做好臨機應變的準備，當然經驗也是重要的因素。與其他選手的競爭，也可能讓自己更延展，激發腎上腺素，跑出更佳成績，所以這塊應該是要重視的。

2024 年，也是我跑 48 小時的第 5 年，我又與同一名日本選手競爭到最後一圈，最後我只贏了他 400 多公尺，我分析自己與他的狀況，了解到我們兩個都比去年更進步，但今年我採取的方式比較保守，因為我已經破去年的紀錄，所以我在距離跟名次中選擇了守住名次。

最後小小補充一個日本選手的團體戰，參加 48 小時的日本選手很多都是互相認識的團體，他們很團結，經常互相支援。我在比賽時可以很明顯感覺到場上有很多其他跑者在觀察我的狀態，包含我的休息時間與我的配速。他們也會有肢體上的掩護跟暗號，或是技術性的阻擋策略。這是我在場上觀察到日本選手的特點，跟臺灣選手比較不同，臺灣跑者比較多是獨自一人，或是兩三個好友一起，但日本選手是完全的團結一致。

紐約 10 日賽的策略又與 48 小時完全不同，因為 48 小時算是可以不睡覺跑完的比賽，但 10 日賽還需要考量到休息與睡覺的安排，要怎麼跑必須規畫的很詳細。

紐約 10 日超馬的歐美跑者較多，亞洲跑者比較起來還是算少數。48 小時超馬臺灣、香港及日本選手大約占了三分之二，美國及歐洲選手三分之一左右。紐約 10 日賽就剛好顛倒過來，亞洲主要蒙古人占了三分之一，其餘三分之二是歐美人士。亞洲跑者跟歐美跑者的跑法與策略相差許多，日本如同前述，屬於團體戰，有統一的教練，不論是 6、12、24 到 48 小時，當日本選手出戰時，他們會為彼此蒐集情資。歐美選手其實也會有團體合作，只是他們是跨國家組合。觀察每年參加紐約 10 日賽的選手名單可以發現，其實約 70～80% 都是同樣的人重覆參加，相較起來，48 小時超馬的流動性就比較大，不一定會每年都參加，固定每年參賽的人並不多。因為每年參加 10 日賽，語言溝通也比較無礙，他們幾乎都是朋友，而我卻是隻身一人，所以我很明顯的可以感受到我成為他們關注的焦點，甚至是主要競爭的對象。因為紐約 10 賽是取得 3100 英里比賽的入場券，所以幾乎參加紐約 10 日賽的選手目標都是相同的。3100 英里超馬的名額稀少，所以必須是在各國的比賽表現相當出彩才有可能被邀請，因此可以發現每年前幾名幾乎都是相同的選手。

歐美選手的這個群體，他們會在場上做記號，這點就和日本選手有差異，日本選手比較注重在跑法與技術。歐美選手在場上做記號幫助他們了解、計算自己與對手的狀況分析，這就是他們的攻防策略。他們不在意自己設定目標，而是專注於與對手攻防。然而他們這樣針對競爭對手而跑的方式對我而言是無效的，這必須要歸功於平時紮實的練習，讓我可以長時間的輸出與維持續航力。

2023 年我第一次參賽時，打敗了第 4 名的選手，贏他約 9 公里多。我猜想今年對方團體在觀察我的數據之後，預計採取互相幫助的策略，讓他們的選手可以超越我拿下第三名。但我今年（2024）的目標只有拉近與第 1、2 名的距離，並沒有對第 4 名選手有太多關注，因為我也在不斷的精進自己，所以我相信我不會被追過。因為有精算的計畫練習方式，以及穩扎穩打的練習，所以我有自信的跟我的補給員表示不用特別記錄分析第 4 名的狀況，但這也是因為我在去年（2023）參賽時就有觀察過他的跑法。也是很幸運的，我的方法奏效了，今年我的成績與第 2 名拉近了 80 多公里，因此可以説我對我自己的跑法是有把握的，依據這樣的結果，也暫時可以確定目前的準備方式是正確的方向。請看以下表格分析，可以知道我比去年進步了 12%（原本我預計的成長幅度高標是 10%），當然其他選手也

紐約十日超馬 2023 年和 2024 年前 4 名進步幅度數據分析

排名	年齡	姓名 & 國籍	2023 年成績			備註說明
			英里 (Mi)	公里 (K)	差異 (K)	
總 1	40	Budjargal Byaambaa (Mongolia)	768.1	1236.1	-217.9	2023 年落後總 1 217.9 公里
總 2	41	Andrea Marcato (Italy)	720.3	1159.2	-141.0	2023 年落後總 2 141.0 公里
總 3	50	Wei,Chia-Hung(Taiwan R.O.C)	632.7	1018.2		
總 4	42	Radu Budan (Moldova)	626.8	1008.7	9.5	2023 年領先總 4 9.5 公里

排名	年齡	姓名 & 國籍	2024 年成績			備註說明
			英里 (Mi)	公里 (K)	差異 (K)	
總 1	41	Budjargal Byaambaa (Mongolia)	818	1316.4	-175.4	2024 年落後總 1 175.4 公里
總 2	42	Andrea Marcato (Italy)	743	1195.7	-54.7	2024 年落後總 2 54.7 公里
總 3	51	Wei,Chia-Hung(Taiwan R.O.C)	709	1141.0		
總 4	43	Radu Budan (Moldova)	646	1039.6	101.4	2024 年領先總 4 101.4 公里

排名	年齡	姓名 & 國籍	2024 年比 2023 年進步里程				備註說明
			英里 (Mi)	公里 (K)	差異 (K)	進步 (%)	
總 1	41	Budjargal Byaambaa (Mongolia)	49.9	80.3	42.5	6.50%	總 1 比 2023 年進步 80.3 公里，總 3 比總 1 多進步 42.5 公里約 6.5%
總 2	42	Andrea Marcato (Italy)	22.7	36.5	86.3	3.15%	總 2 比 2023 年進步 36.5 公里，總 3 比總 2 多進步 86.3 公里約 3.15%
總 3	51	Wei,Chia-Hung(Taiwan R.O.C)	76.3	122.8		12.06%	總 3 比 2023 年進步 122.8 公里約 12.06%
總 4	43	Radu Budan (Moldova)	19.2	30.9	91.9	3.06%	總 4 比 2023 年進步 30.9 公里，總 3 比總 4 多進步 91.9 公里約 3.06%

都在進步中，可以得知這競爭真的是非常激烈的。其實我今年的跑法跟去年差不多，但因為今年的練習比較多，因此在後段沒有爆掉。

我在跑場上基本上是按照自己的節奏在跑，按照計畫的配速並確實執行，除非是已經達到預設的目標，或是我覺得有機會可以追過跟我伯仲之間的選手，我才會改變我的計畫，例如減少休息時間。但我只會在最後 3 天進行調整，前面的 7～8 天，我都會穩穩的把原本規畫的配速跑好，

並不是隨時發生任何狀況就改變，因為在前 7 天追過別人或是名次往前都絕對不會是最後的結果，最重要的是最後 3 天會不會被追過去。然而這個歐美群體不一樣，他們會輪流關注我，似乎自己的里程數並不是重點。如同前述所說，基本上我最多只會「觀察」，並不會去「精算」對手，但他們是會掌握我的休息時間、是否受傷或掉速、在地上做記號以計算我的配速。所以相比他們這樣的團隊行為，這兩次參賽下來，有時候我會感到很孤單。其實我也有補給員協助我補給、記錄對手的狀況，我很感謝他，但是由於我的經驗也還不足，所以當下的資料我沒辦法馬上轉換成我的攻防策略，這點也是我這次回臺灣後在思考如何可以運用、進步的。

另外，由於紐約 10 日賽的場地並不如臺灣舒適，例如可能會有樹林造成的柏油路突起，當對手壓迫或讓你分心時，就很可能會不小心踢到而受傷，這也是我如果之後還要繼續參賽想要避免及改進的地方。

另外，也分享在 2024 年 4/17 ～ 4/27 紐約 10 日超馬使用的一些表格。

配速員協助表

	日期	4月17日 請確認	4月18日 請確認	4月19日 請確認	4月20日 請確認	4月21日 請確認	4月22日 請確認	4月23日 請確認	4月24日 請確認	4月25日 請確認	4月26日 請確認	4月27日 請確認
起床	1	前一晚確認隔天嘉鴻起床時間,提前半小時起床										
	2	準備嘉鴻早餐及跑步補給品										
	3	確認嘉鴻起床時間,起床後協助吃早餐及準備跑步										
	4	起跑第1圈回來,請先協助拍照第1圈紀錄										
	5	確認嘉鴻起步後,萬萬先去補眠										
	6	確認天氣,定時記錄選手成績										
午餐前	7	10～11確認用午餐時間及用餐方式										
	8	午餐時間確認下午和晚上跑步時間和配速										
	9	確認嘉鴻起跑後,常萬萬先去午休										
	10	確認今天和明天的天氣,定時記錄選手成績										
	11	12:00後拍照記錄電子看板所有選手成績										

日期		4月17日 請確認	4月18日 請確認	4月19日 請確認	4月20日 請確認	4月21日 請確認	4月22日 請確認	4月23日 請確認	4月24日 請確認	4月25日 請確認	4月26日 請確認	4月27日 請確認
晚餐前	12 16～17確認用晚餐時間及用餐方式											
	13 確認晚上跑步結束時間和今日要完成里程											
	14 初步規畫明天跑步時間、規畫明天執行配速											
	15 確認今天和明天的天氣，定時記錄選手成績											
睡覺前	16 準備宵夜、洗澡用品											
	17 最後1圈回來，請先協助拍照紀錄											
	18 協助嘉鴻吃宵夜和洗澡											
	19 嘉鴻洗澡時間整理和清洗補給裝備											
	20 今天完成圈數和跑步資料輸入電腦											
	21 用電腦調整明天之後要跑目標和配速											
	22 確認隔天的天氣，定時記錄選手成績											
	23 跟嘉鴻確認明天起床時間、明天執行配速											

實際 1141 公里配速

單位／圈　　每圈 0.747979miles/1.20375km

天數		第1天	第2天	第3天	第4天	第5天
日期		4月17日	4月18日	4月19日	4月20日	4月21日
1019公里繞圈數(低標)		64.0	121.0	80.0	80.0	80.0
1080公里繞圈數(中標)		64.0	121.0	86.0	86.0	86.0
1140公里繞圈數(高標)		64.0	121.0	90.0	90.0	90.0
每日實際繞圈數		74.0	129.0	97.0	95.0	103.0
實際繞圈跟中標差異		10.0	8.0	11.0	9.0	17.0
正常繞總圈數		64.0	185.0	271.0	357.0	443.0
實際繞總圈數		74.0	203.0	300.0	395.0	498.0
實際繞總圈跟中標差異		10.0	18.0	29.0	38.0	55.0
時段1	00:00～01:00		6.4	休息4	3	休息2
時段2	01:00～02:00		6.4	休息5	6.4	休息3
時段3	02:00～03:00		6.4	休息6	6.4	休息4
時段4	03:00～04:00		6.4	休息7	6.4	4
時段5	04:00～05:00		6.4	4	6.4	6
時段6	05:00～06:00		5	6.4	6.4	6
時段7	06:00～07:00		6.4	6.4	休息1	6.4
時段8	07:00～08:00		6.4	6.4	休息2	休息1
時段9	08:00～09:00		6.4	6.4	休息3	6.4
時段10	09:00～10:00		6.4	6.4	休息4	6.4
時段11	10:00～11:00		6.4	6.4	6	6.4
時段12	11:00～12:00		4	5.6	6	6.4
時段13	12:00～13:00	6.4	6.4	6	6	6
時段14	13:00～14:00	6.4	6.4	6	6	6
時段15	14:00～15:00	6.4	6.4	6	6	休息1
時段16	15:00～16:00	6.4	6.4	6	休息1	6.4
時段17	16:00～17:00	6.4	6.4	5	休息2	6.4
時段18	17:00～18:00	5	5	休息1	6	6.4
時段19	18:00～19:00	6.4	6.4	5	6	6.4
時段20	19:00～20:00	6.4	6.4	5	6	6.4
時段21	20:00～21:00	6.4	6.2	5	6	6
時段22	21:00～22:00	6.4	休息1	5	6	5
時段23	22:00～23:00	6.4	休息2	休息1	休息1	休息1
時段24	23:00～00:00	5	休息3	休息2	休息2	休息2
時段補	00:00～23:59					

續下表▼

天數		第 6 天	第 7 天	第 8 天	第 9 天	第 10 天	第 11 天
日期		4 月 22 日	4 月 23 日	4 月 24 日	4 月 25 日	4 月 26 日	4 月 27 日
1019 公里繞圈數 (低標)		80.0	80.0	80.0	80.0	80.0	22.0
1080 公里繞圈數 (中標)		86.0	86.0	86.0	86.0	86.0	26.0
1140 公里繞圈數 (高標)		90.0	90.0	90.0	90.0	90.0	26.0
每日實際繞圈數		72.0	90.0	86.0	84.0	74.0	44.0
實際繞圈跟中標差異		(14.0)	4.0	0.0	(2.0)	(12.0)	18.0
正常繞總圈數		529.0	615.0	701.0	787.0	873.0	899.0
實際繞總圈數		570.0	660.0	746.0	830.0	904.0	948.0
實際繞總圈跟中標差異		41.0	45.0	45.0	43.0	31.0	49.0
時段 1	00:00～01:00	休息 2	休息 2	休息 2	休息 2	休息 2	4
時段 2	01:00～02:00	休息 3	休息 3	休息 3	休息 3	休息 3	4
時段 3	02:00～03:00	休息 4	休息 4	休息 4	休息 4	休息 4	4
時段 4	03:00～04:00	休息 5	2	休息 5	休息 5	休息 5	4
時段 5	04:00～05:00	5	5	休息 6	5	5	4
時段 6	05:00～06:00	5	5	4	5	5	休息 1
時段 7	06:00～07:00	5	5	6	5	5	4
時段 8	07:00～08:00	休息 1	4	6	5	5	4
時段 9	08:00～09:00	5	5	6	5	5	4
時段 10	09:00～10:00	5	5	6	5	5	4
時段 11	10:00～11:00	4	5	6	4	4	4
時段 12	11:00～12:00	休息 1	5	2	休息 1	休息 1	4
時段 13	12:00～13:00	5	休息 1	6	6	5	
時段 14	13:00～14:00	5	6	6	6	5	
時段 15	14:00～15:00	5	6	6	6	5	
時段 16	15:00～16:00	5	6	6	6	5	
時段 17	16:00～17:00	3	6	6	6	4	
時段 18	17:00～18:00	休息 1	休息 1	休息 1	休息 1	休息 1	
時段 19	18:00～19:00	5	6	5	5	4	
時段 20	19:00～20:00	5	6	5	5	4	
時段 21	20:00～21:00	5	6	5	5	4	
時段 22	21:00～22:00	5	5	5	5	4	
時段 23	22:00～23:00	休息 1	2	休息 1	休息 1	休息 1	
時段 24	23:00～00:00	休息 2	休息 1	休息 2	休息 2	休息 2	
時段補	00:00～23:59						

天數	第 1 天	第 2 天	第 3 天	第 4 天	第 5 天	第 6 天
日期	3 月 20 日	3 月 21 日	3 月 22 日	3 月 23 日	3 月 24 日	3 月 25 日
24:00 計算實際公里	89.078	155.284	116.764	114.356	123.986	86.670
24:00 計算實際總公里	89.078	244.361	361.125	475.481	599.468	686.138
24:00 計算實際英里	55.350	96.489	72.554	71.058	77.042	53.854
24:00 計算實際總英里	55.350	151.840	224.394	295.452	372.494	426.348

天數	第 7 天	第 8 天	第 9 天	第 10 天	第 11 天
日期	3 月 26 日	3 月 27 日	3 月 28 日	3 月 29 日	3 月 30 日
24:00 計算實際公里	108.338	103.523	101.115	89.078	52.965
24:00 計算實際總公里	794.475	897.998	999.113	1088.190	1141.155
24:00 計算實際英里	67.318	64.326	62.830	55.350	32.911
24:00 計算實際總英里	493.666	557.992	620.823	676.173	709.084

賽事天數 (12:00 ～ 11:59)	第 1 天	第 2 天	第 3 天	第 4 天	第 5 天
12:00 計算實際公里	176.951	125.190	115.560	115.560	101.115
12:00 計算實際總公里	176.951	302.141	417.701	533.261	634.376
12:00 計算實際英里	109.953	77.790	71.806	71.806	62.830
12:00 計算實際總英里	109.953	187.743	259.549	331.355	394.185

賽事天數 (12:00 ～ 11:59)	第 6 天	第 7 天	第 8 天	第 9 天	第 10 天
12:00 計算實際公里	101.115	102.319	101.115	101.115	101.115
12:00 計算實際總公里	735.491	837.810	938.925	1040.040	1141.155
12:00 計算實際英里	62.830	63.578	62.830	62.830	62.830
12:00 計算實際總英里	457.015	520.593	583.424	646.254	709.084

低標 1019 公里配速

單位／圈　　每圈 0.747979miles/1.20375km

天數		第 1 天	第 2 天	第 3 天	第 4 天	第 5 天
日期		4 月 17 日	4 月 18 日	4 月 19 日	4 月 20 日	4 月 21 日
1082公里繞圈數（中標）		64.0	121.0	86.0	86.0	86.0
每日實際繞圈數		64.0	121.0	80.0	80.0	80.0
實際繞圈跟中標差異		0.0	0.0	(6.0)	(6.0)	(6.0)
正常繞總圈數		64.0	185.0	271.0	357.0	443.0
實際繞總圈數		64.0	185.0	265.0	345.0	425.0
實際繞總圈跟中標差異		0.0	0.0	(6.0)	(12.0)	(18.0)
時段 1	00:00～01:00		6.4	休息 3	休息 2	休息 2
時段 2	01:00～02:00		6.4	休息 4	休息 3	休息 3
時段 3	02:00～03:00		6.4	休息 5	休息 4	休息 4
時段 4	03:00～04:00		6.4	休息 6	休息 5	休息 5
時段 5	04:00～05:00		6.4	休息 7	休息 6	休息 6
時段 6	05:00～06:00		休息 1	休息 8	休息 6	休息 6
時段 7	06:00～07:00		6.4	2	2	2
時段 8	07:00～08:00		6.4	6	6	6
時段 9	08:00～09:00		6.4	6	6	6
時段 10	09:00～10:00		6.4	6	6	6
時段 11	10:00～11:00		6.4	6	6	6
時段 12	11:00～12:00		休息 1	休息 1	休息 1	休息 1
時段 13	12:00～13:00	6.4	6.4	6	6	6
時段 14	13:00～14:00	6.4	6.4	6	6	6
時段 15	14:00～15:00	6.4	6.4	6	6	6
時段 16	15:00～16:00	6.4	6.4	6	6	6
時段 17	16:00～17:00	6.4	6.4	6	6	6
時段 18	17:00～18:00	休息 1	休息 1	休息 1	休息 1	休息 1
時段 19	18:00～19:00	6.4	6.4	6	6	6
時段 20	19:00～20:00	6.4	6.4	6	6	6
時段 21	20:00～21:00	6.4	6.4	6	6	6
時段 22	21:00～22:00	6.4	5.8	6	6	6
時段 23	22:00～23:00	6.4	休息 1	休息 1	休息 1	休息 1
時段 24	23:00～00:00	休息 1	休息 2	休息 2	休息 2	休息 2
時段補	00:00～23:59					

續下表▼

天數		第 6 天	第 7 天	第 8 天	第 9 天	第 10 天	第 11 天
日期		4 月 22 日	4 月 23 日	4 月 24 日	4 月 25 日	4 月 26 日	4 月 27 日
1082 公里繞圈數（中標）		86.0	86.0	86.0	86.0	86.0	25.0
每日實際繞圈數		80.0	80.0	80.0	80.0	80.0	22.0
實際繞圈跟中標差異		(6.0)	(6.0)	(6.0)	(6.0)	(6.0)	(3.0)
正常繞總圈數		529.0	615.0	701.0	787.0	873.0	898.0
實際繞總圈數		505.0	585.0	665.0	745.0	825.0	847.0
實際繞總圈跟中標差異		(24.0)	(30.0)	(36.0)	(42.0)	(48.0)	(51.0)
時段 1	00:00～01:00	休息 2	休息 2	休息 2	休息 2	休息 2	休息 2
時段 2	01:00～02:00	休息 3	休息 3	休息 3	休息 3	休息 3	休息 3
時段 3	02:00～03:00	休息 4	休息 4	休息 4	休息 4	休息 4	休息 4
時段 4	03:00～04:00	休息 5	休息 5	休息 5	休息 5	休息 5	休息 5
時段 5	04:00～05:00	休息 6	休息 6	休息 6	休息 6	休息 6	休息 6
時段 6	05:00～06:00	休息 6	休息 6	休息 6	休息 6	休息 6	休息 6
時段 7	06:00～07:00	2	2	2	2	2	2
時段 8	07:00～08:00	6	6	6	6	6	6
時段 9	08:00～09:00	6	6	6	6	6	6
時段 10	09:00～10:00	6	6	6	6	6	6
時段 11	10:00～11:00	6	6	6	6	6	2
時段 12	11:00～12:00	休息 1	休息 1	休息 1	休息 1	休息 1	
時段 13	12:00～13:00	6	6	6	6	6	
時段 14	13:00～14:00	6	6	6	6	6	
時段 15	14:00～15:00	6	6	6	6	6	
時段 16	15:00～16:00	6	6	6	6	6	
時段 17	16:00～17:00	6	6	6	6	6	
時段 18	17:00～18:00	休息 1	休息 1	休息 1	休息 1	休息 1	
時段 19	18:00～19:00	6	6	6	6	6	
時段 20	19:00～20:00	6	6	6	6	6	
時段 21	20:00～21:00	6	6	6	6	6	
時段 22	21:00～22:00	6	6	6	6	6	
時段 23	22:00～23:00	休息 1	休息 1	休息 1	休息 1	休息 1	
時段 24	23:00～00:00	休息 2	休息 2	休息 2	休息 2	休息 2	
時段補	00:00～23:59						

天數	第 1 天	第 2 天	第 3 天	第 4 天	第 5 天	第 6 天
日期	3 月 20 日	3 月 21 日	3 月 22 日	3 月 23 日	3 月 24 日	3 月 25 日
24:00 計算實際公里	77.040	145.654	96.300	96.300	96.300	96.300
24:00 計算實際總公里	77.040	222.694	318.994	415.294	511.594	607.894
24:00 計算實際英里	47.871	90.505	59.838	59.838	59.838	59.838
24:00 計算實際總英里	47.871	138.376	198.214	258.053	317.891	377.729

天數	第 7 天	第 8 天	第 9 天	第 10 天	第 11 天
日期	3 月 26 日	3 月 27 日	3 月 28 日	3 月 29 日	3 月 30 日
24:00 計算實際公里	96.300	96.300	96.300	96.300	26.483
24:00 計算實際總公里	704.194	800.494	896.794	993.094	1019.576
24:00 計算實際英里	59.838	59.838	59.838	59.838	16.456
24:00 計算實際總英里	437.568	497.406	557.244	617.083	633.538

賽事天數 (12:00 ～ 11:59)	第 1 天	第 2 天	第 3 天	第 4 天	第 5 天
12:00 計算實際公里	154.080	99.911	96.300	96.300	96.300
12:00 計算實際總公里	154.080	253.991	350.291	446.591	542.891
12:00 計算實際英里	95.741	62.082	59.838	59.838	59.838
12:00 計算實際總英里	95.741	157.824	217.662	277.500	337.339

賽事天數 (12:00 ～ 11:59)	第 6 天	第 7 天	第 8 天	第 9 天	第 10 天
12:00 計算實際公里	96.300	96.300	96.300	96.300	91.485
12:00 計算實際總公里	639.191	735.491	831.791	928.091	1019.576
12:00 計算實際英里	59.838	59.838	59.838	59.838	56.846
12:00 計算實際總英里	397.177	457.015	516.853	576.692	633.538

中標 1082 公里配速

單位／圈　　每圈 0.747979miles/1.20375km

天數		第 1 天	第 2 天	第 3 天	第 4 天	第 5 天
日期		4 月 17 日	4 月 18 日	4 月 19 日	4 月 20 日	4 月 21 日
1019 公里繞圈數（低標）		64.0	121.0	80.0	80.0	80.0
每日實際繞圈數		64.0	121.0	86.0	86.0	86.0
實際繞圈跟低標差異		0.0	0.0	6.0	6.0	6.0
正常繞總圈數		64.0	185.0	265.0	345.0	425.0
實際繞總圈數		64.0	185.0	271.0	357.0	443.0
實際繞總圈跟低標差異		0.0	0.0	6.0	12.0	18.0
時段 1	00:00～01:00		6.4	休息 3	休息 2	休息 2
時段 2	01:00～02:00		6.4	休息 4	休息 3	休息 3
時段 3	02:00～03:00		6.4	休息 5	休息 4	休息 4
時段 4	03:00～04:00		6.4	休息 6	休息 5	休息 5
時段 5	04:00～05:00		6.4	休息 7	休息 6	休息 6
時段 6	05:00～06:00		休息 1	休息 8	休息 6	休息 6
時段 7	06:00～07:00		6.4	6	6	6
時段 8	07:00～08:00		6.4	6	6	6
時段 9	08:00～09:00		6.4	6	6	6
時段 10	09:00～10:00		6.4	6	6	6
時段 11	10:00～11:00		6.4	6	6	6
時段 12	11:00～12:00		休息 1	休息 1	休息 1	休息 1
時段 13	12:00～13:00	6.4	6.4	6	6	6
時段 14	13:00～14:00	6.4	6.4	6	6	6
時段 15	14:00～15:00	6.4	6.4	6	6	6
時段 16	15:00～16:00	6.4	6.4	6	6	6
時段 17	16:00～17:00	6.4	6.4	6	6	6
時段 18	17:00～18:00	休息 1	休息 1	休息 1	休息 1	休息 1
時段 19	18:00～19:00	6.4	6.4	6	6	6
時段 20	19:00～20:00	6.4	6.4	6	6	6
時段 21	20:00～21:00	6.4	6.4	6	6	6
時段 22	21:00～22:00	6.4	5.8	6	6	6
時段 23	22:00～23:00	6.4	休息 1	2	2	2
時段 24	23:00～00:00	休息 1	休息 2	休息 1	休息 1	休息 1
時段補	00:00～23:59					

續下表▼

　　　　　　　超越極限：我的超馬之路

天數		第 6 天	第 7 天	第 8 天	第 9 天	第 10 天	第 11 天
日期		4 月 22 日	4 月 23 日	4 月 24 日	4 月 25 日	4 月 26 日	4 月 27 日
1019 公里繞圈數（低標）		80.0	80.0	80.0	80.0	80.0	22.0
每日實際繞圈數		86.0	86.0	86.0	86.0	86.0	26.0
實際繞圈跟低標差異		6.0	6.0	6.0	6.0	6.0	4.0
正常繞總圈數		505.0	585.0	665.0	745.0	825.0	847.0
實際繞總圈數		529.0	615.0	701.0	787.0	873.0	899.0
實際繞總圈跟低標差異		24.0	30.0	36.0	42.0	48.0	52.0
時段 1	00:00～01:00	休息 2	休息 2	休息 2	休息 2	休息 2	休息 2
時段 2	01:00～02:00	休息 3	休息 3	休息 3	休息 3	休息 3	休息 3
時段 3	02:00～03:00	休息 4	休息 4	休息 4	休息 4	休息 4	休息 4
時段 4	03:00～04:00	休息 5	休息 5	休息 5	休息 5	休息 5	休息 5
時段 5	04:00～05:00	休息 6	休息 6	休息 6	休息 6	休息 6	休息 6
時段 6	05:00～06:00	休息 6	休息 6	休息 6	休息 6	休息 6	休息 6
時段 7	06:00～07:00	6	6	6	6	6	6
時段 8	07:00～08:00	6	6	6	6	6	6
時段 9	08:00～09:00	6	6	6	6	6	6
時段 10	09:00～10:00	6	6	6	6	6	6
時段 11	10:00～11:00	6	6	6	6	6	2
時段 12	11:00～12:00	休息 1	休息 1	休息 1	休息 1	休息 1	
時段 13	12:00～13:00	6	6	6	6	6	
時段 14	13:00～14:00	6	6	6	6	6	
時段 15	14:00～15:00	6	6	6	6	6	
時段 16	15:00～16:00	6	6	6	6	6	
時段 17	16:00～17:00	6	6	6	6	6	
時段 18	17:00～18:00	休息 1	休息 1	休息 1	休息 1	休息 1	
時段 19	18:00～19:00	6	6	6	6	6	
時段 20	19:00～20:00	6	6	6	6	6	
時段 21	20:00～21:00	6	6	6	6	6	
時段 22	21:00～22:00	6	6	6	6	6	
時段 23	22:00～23:00	2	2	2	2	2	
時段 24	23:00～00:00	休息 1	休息 1	休息 1	休息 1	休息 1	
時段補	00:00～23:59						

天數	第 1 天	第 2 天	第 3 天	第 4 天	第 5 天	第 6 天
日期	3 月 20 日	3 月 21 日	3 月 22 日	3 月 23 日	3 月 24 日	3 月 25 日
24:00 計算實際公里	77.040	145.654	103.523	103.523	103.523	103.523
24:00 計算實際總公里	77.040	222.694	326.216	429.739	533.261	636.784
24:00 計算實際英里	47.871	90.505	64.326	64.326	64.326	64.326
24:00 計算實際總英里	47.871	138.376	202.702	267.029	331.355	395.681

天數	第 7 天	第 8 天	第 9 天	第 10 天	第 11 天
日期	3 月 26 日	3 月 27 日	3 月 28 日	3 月 29 日	3 月 30 日
24:00 計算實際公里	103.523	103.523	103.523	103.523	31.298
24:00 計算實際總公里	740.306	843.829	947.351	1050.874	1082.171
24:00 計算實際英里	64.326	64.326	64.326	64.326	19.447
24:00 計算實際總英里	460.007	524.333	588.659	652.986	672.433

賽事天數 (12:00 ～ 11:59)	第 1 天	第 2 天	第 3 天	第 4 天	第 5 天
12:00 計算實際公里	154.080	104.726	103.523	103.523	103.523
12:00 計算實際總公里	154.080	258.806	362.329	465.851	569.374
12:00 計算實際英里	95.741	65.074	64.326	64.326	64.326
12:00 計算實際總英里	95.741	160.815	225.142	289.468	353.794

賽事天數 (12:00 ～ 11:59)	第 6 天	第 7 天	第 8 天	第 9 天	第 10 天
12:00 計算實際公里	103.523	103.523	103.523	103.523	98.708
12:00 計算實際總公里	672.896	776.419	879.941	983.464	1082.171
12:00 計算實際英里	64.326	64.326	64.326	64.326	61.334
12:00 計算實際總英里	418.120	482.446	546.773	611.099	672.433

高標 1120 公里配速

單位／圈　　每圈 0.747979miles/1.20375km

天數		第1天	第2天	第3天	第4天	第5天
日期		4月17日	4月18日	4月19日	4月20日	4月21日
1082公里繞圈數（中標）		64.0	121.0	86.0	86.0	86.0
每日實際繞圈數		64.0	121.0	90.0	90.0	90.0
實際繞圈跟中標差異		0.0	0.0	4.0	4.0	4.0
正常繞總圈數		64.0	185.0	271.0	357.0	443.0
實際繞總圈數		64.0	185.0	275.0	365.0	455.0
實際繞總圈跟中標差異		0.0	0.0	4.0	8.0	12.0
時段 1	00:00～01:00		6.4	休息3	休息2	休息2
時段 2	01:00～02:00		6.4	休息4	休息3	休息3
時段 3	02:00～03:00		6.4	休息5	休息4	休息4
時段 4	03:00～04:00		6.4	休息6	休息5	休息5
時段 5	04:00～05:00		6.4	休息7	休息6	休息6
時段 6	05:00～06:00		休息1	休息8	休息6	休息6
時段 7	06:00～07:00		6.4	6	6	6
時段 8	07:00～08:00		6.4	6	6	6
時段 9	08:00～09:00		6.4	6	6	6
時段 10	09:00～10:00		6.4	6	6	6
時段 11	10:00～11:00		6.4	6	6	6
時段 12	11:00～12:00		休息1	休息1	休息1	休息1
時段 13	12:00～13:00	6.4	6.4	6	6	6
時段 14	13:00～14:00	6.4	6.4	6	6	6
時段 15	14:00～15:00	6.4	6.4	6	6	6
時段 16	15:00～16:00	6.4	6.4	6	6	6
時段 17	16:00～17:00	6.4	6.4	6	6	6
時段 18	17:00～18:00	休息1	休息1	休息1	休息1	休息1
時段 19	18:00～19:00	6.4	6.4	6	6	6
時段 20	19:00～20:00	6.4	6.4	6	6	6
時段 21	20:00～21:00	6.4	6.4	6	6	6
時段 22	21:00～22:00	6.4	5.8	6	6	6
時段 23	22:00～23:00	6.4	休息1	6	6	6
時段 24	23:00～00:00	休息1	休息2	休息1	休息1	休息1
時段補	00:00～23:59					

續下表▼

天數		第6天	第7天	第8天	第9天	第10天	第11天
日期		4月22日	4月23日	4月24日	4月25日	4月26日	4月27日
1082公里繞圈數（高標）		86.0	86.0	86.0	86.0	86.0	25.0
每日實際繞圈數		90.0	90.0	90.0	90.0	90.0	26.0
實際繞圈跟中標差異		4.0	4.0	4.0	4.0	4.0	1.0
正常繞總圈數		529.0	615.0	701.0	787.0	873.0	898.0
實際繞總圈數		545.0	635.0	725.0	815.0	905.0	931.0
實際繞總圈跟中標差異		16.0	20.0	24.0	28.0	32.0	33.0
時段1	00:00～01:00	休息2	休息2	休息2	休息2	休息2	休息2
時段2	01:00～02:00	休息3	休息3	休息3	休息3	休息3	休息3
時段3	02:00～03:00	休息4	休息4	休息4	休息4	休息4	休息4
時段4	03:00～04:00	休息5	休息5	休息5	休息5	休息5	休息5
時段5	04:00～05:00	休息6	休息6	休息6	休息6	休息6	休息6
時段6	05:00～06:00	休息6	休息6	休息6	休息6	休息6	休息6
時段7	06:00～07:00	6	6	6	6	6	6
時段8	07:00～08:00	6	6	6	6	6	6
時段9	08:00～09:00	6	6	6	6	6	6
時段10	09:00～10:00	6	6	6	6	6	6
時段11	10:00～11:00	6	6	6	6	6	2
時段12	11:00～12:00	休息1	休息1	休息1	休息1	休息1	
時段13	12:00～13:00	6	6	6	6	6	
時段14	13:00～14:00	6	6	6	6	6	
時段15	14:00～15:00	6	6	6	6	6	
時段16	15:00～16:00	6	6	6	6	6	
時段17	16:00～17:00	6	6	6	6	6	
時段18	17:00～18:00	休息1	休息1	休息1	休息1	休息1	
時段19	18:00～19:00	6	6	6	6	6	
時段20	19:00～20:00	6	6	6	6	6	
時段21	20:00～21:00	6	6	6	6	6	
時段22	21:00～22:00	6	6	6	6	6	
時段23	22:00～23:00	6	6	6	6	6	
時段24	23:00～00:00	休息1	休息1	休息1	休息1	休息1	
時段補	00:00～23:59						

天數	第 1 天	第 2 天	第 3 天	第 4 天	第 5 天	第 6 天
日期	3 月 20 日	3 月 21 日	3 月 22 日	3 月 23 日	3 月 24 日	3 月 25 日
24:00 計算實際公里	77.040	145.654	108.338	108.338	108.338	108.338
24:00 計算實際總公里	77.040	222.694	331.031	439.369	547.706	656.044
24:00 計算實際英里	47.871	90.505	67.318	67.318	67.318	67.318
24:00 計算實際總英里	47.871	138.376	205.694	273.012	340.330	407.649

天數	第 7 天	第 8 天	第 9 天	第 10 天	第 11 天
日期	3 月 26 日	3 月 27 日	3 月 28 日	3 月 29 日	3 月 30 日
24:00 計算實際公里	108.338	108.338	108.338	108.338	31.298
24:00 計算實際總公里	764.381	872.719	981.056	1089.394	1120.691
24:00 計算實際英里	67.318	67.318	67.318	67.318	19.447
24:00 計算實際總英里	474.967	542.285	609.603	676.921	696.368

賽事天數 (12:00 ～ 11:59)	第 1 天	第 2 天	第 3 天	第 4 天	第 5 天
12:00 計算實際公里	154.080	104.726	108.338	108.338	108.338
12:00 計算實際總公里	154.080	258.806	367.144	475.481	583.819
12:00 計算實際英里	95.741	65.074	67.318	67.318	67.318
12:00 計算實際總英里	95.741	160.815	228.134	295.452	362.770

賽事天數 (12:00 ～ 11:59)	第 6 天	第 7 天	第 8 天	第 9 天	第 10 天
12:00 計算實際公里	108.338	108.338	108.338	108.338	103.523
12:00 計算實際總公里	692.156	800.494	908.831	1017.169	1120.691
12:00 計算實際英里	67.318	67.318	67.318	67.318	64.326
12:00 計算實際總英里	430.088	497.406	564.724	632.042	696.368

圈數和里程對照表

圈	公里	英里	圈	公里	英里	圈	公里	英里
1	1.204	0.748	26	31.298	19.447	51	61.391	38.147
2	2.408	1.496	27	32.501	20.195	52	62.595	38.895
3	3.611	2.244	28	33.705	20.943	53	63.799	39.643
4	4.815	2.992	29	34.909	21.691	54	65.003	40.391
5	6.019	3.740	30	36.113	22.439	55	66.206	41.139
6	7.223	4.488	31	37.316	23.187	56	67.410	41.887
7	8.426	5.236	32	38.520	23.935	57	68.614	42.635
8	9.630	5.984	33	39.724	24.683	58	69.818	43.383
9	10.834	6.732	34	40.928	25.431	59	71.021	44.131
10	12.038	7.480	35	42.131	26.179	60	72.225	44.879
11	13.241	8.228	36	43.335	26.927	61	73.429	45.627
12	14.445	8.976	37	44.539	27.675	62	74.633	46.375
13	15.649	9.724	38	45.743	28.423	63	75.836	47.123
14	16.853	10.472	39	46.946	29.171	64	77.040	47.871
15	18.056	11.220	40	48.150	29.919	65	78.244	48.619
16	19.260	11.968	41	49.354	30.667	66	79.448	49.367
17	20.464	12.716	42	50.558	31.415	67	80.651	50.115
18	21.668	13.464	43	51.761	32.163	68	81.855	50.863
19	22.871	14.212	44	52.965	32.911	69	83.059	51.611
20	24.075	14.960	45	54.169	33.659	70	84.263	52.359
21	25.279	15.708	46	55.373	34.407	71	85.466	53.107
22	26.483	16.456	47	56.576	35.155	72	86.670	53.854
23	27.686	17.204	48	57.780	35.903	73	87.874	54.602
24	28.890	17.951	49	58.984	36.651	74	89.078	55.350
25	30.094	18.699	50	60.188	37.399	75	90.281	56.098

續下表▼

超越極限：我的超馬之路

圈	公里	英里	圈	公里	英里	圈	公里	英里
76	91.485	56.846	101	121.579	75.546	126	151.673	94.245
77	92.689	57.594	102	122.783	76.294	127	152.876	94.993
78	93.893	58.342	103	123.986	77.042	128	154.080	95.741
79	95.096	59.090	104	125.190	77.790	129	155.284	96.489
80	96.300	59.838	105	126.394	78.538	130	156.488	97.237
81	97.504	60.586	106	127.598	79.286	131	157.691	97.985
82	98.708	61.334	107	128.801	80.034	132	158.895	98.733
83	99.911	62.082	108	130.005	80.782	133	160.099	99.481
84	101.115	62.830	109	131.209	81.530	134	161.303	100.229
85	102.319	63.578	110	132.413	82.278	135	162.506	100.977
86	103.523	64.326	111	133.616	83.026	136	163.710	101.725
87	104.726	65.074	112	134.820	83.774	137	164.914	102.473
88	105.930	65.822	113	136.024	84.522	138	166.118	103.221
89	107.134	66.570	114	137.228	85.270	139	167.321	103.969
90	108.338	67.318	115	138.431	86.018	140	168.525	104.717
91	109.541	68.066	116	139.635	86.766	141	169.729	105.465
92	110.745	68.814	117	140.839	87.514	142	170.933	106.213
93	111.949	69.562	118	142.043	88.262	143	172.136	106.961
94	113.153	70.310	119	143.246	89.010	144	173.340	107.709
95	114.356	71.058	120	144.450	89.757	145	174.544	108.457
96	115.560	71.806	121	145.654	90.505	146	175.748	109.205
97	116.764	72.554	122	146.858	91.253	147	176.951	109.953
98	117.968	73.302	123	148.061	92.001	148	178.155	110.701
99	119.171	74.050	124	149.265	92.749	149	179.359	111.449
100	120.375	74.798	125	150.469	93.497	150	180.563	112.197

05
一路走來：感謝與未來——

從 2019 年的鎮西堡、冬山河超馬開始，接著連續 5 年參加臺北 48 小時超馬，去（2023）年第一次參加紐約 10 日賽，完成 1018 公里，獲得男子組第 3 名。今（2024）年我又再度踏上美國的土地，想要再突破自己，改善去年的缺點，達成更高的目標，期許自己一次又一次的超越極限……

這次我設定的目標低、中、高標分別是：低標是破去年的紀錄，我於今年賽事第 9 天達成；中標是破 10 日賽國家紀錄 1080 公里；高標是 1120 公里（比去年的 1018 公里進步 10% 以上），平均只要每天跑 112 公里就可以達成。

練習期間都是利用下班後馬上換衣服就去練習，精算自己除了休息、睡覺的必要時間後全力以赴，不管夜晚、烈日、寒冷、下雨，我都沒有放棄，堅持的過程真的很辛苦，但當很累的時候我都說服自己只要能繼續下去就有機會得到我想要的成果，最後練習強度達到 1300 公里。

這次比賽過程中，第一天開始我就直接跑了 33 小時沒有睡覺，這次比賽期間低溫又降雨，很艱難、有挑戰性，但天氣的變化也是我在練習中都有預想過的，所以也做了模擬的練習與裝備的準備，賽前也會先查詢天氣狀況，最後

要謝謝比賽過程中好友協助更新天氣狀況以及協助補給，
讓我無後顧之憂，可以專心於跑步本身。

感謝 EVA 機長帶組員到會場幫我們加油、食物補給，特
別是家鄉味的食物；感謝公司兩年支持我參賽，以及讓我
排出假期參賽，公司副總及幾位同事也到場鼓勵，我會一
直秉持「挑戰、創新、團隊」的長榮精神在跑道上努力；
感謝愛跑者五年來一直陪伴我練習超馬，讓我有能力不斷
前進；感謝國內許多廠商贊助；以及最後感謝家人、朋友
的加油鼓勵，讓我最後突破自己的紀錄，名次也維持在第
3 名。

其中，想特別分享，我之所以會加入愛跑者這個跑團，起
源於 2019 年參加鎮西堡時，當時我剛開始跑步，孤孤單
單的一個人，在跑場上看到很多人是團體跑在一起，才知
道有「跑團」這類的組織，但那時候還沒有想要加入跑團，
只是單純覺得如果有一群人可以一起跑，也不會這麼無聊
孤單，這是我對跑團的第一印象。

鎮西堡賽事的時候，因為是山路地形，主要是兩點折返，
所以還沒有特別的感覺，但到冬山河超馬的時候，因為是
繞圈跑，每回到一圈的起始點，都可以看到跑團的加油與

補給，這時候我就更加強烈感受到對比之下我的孤單，我還是自己一個人，甚至補給品都放在自己車上。於是就萌生想加入跑團的想法。

透過同樣也是愛跑者會員的朋友介紹，認識了「愛跑者」，說來有趣，那時候我還沒有很愛跑步，聽到「愛跑者」這個名子，想說加入了會不會變得愛跑一點，加上愛跑者主要也在板橋練跑，離我家很近，有地利之便，而且愛跑者的會員們也都很親切熱心，我就這樣加入了。

如同前述有提到，我第一次參加臺北花博 48 小時的時候，愛跑者也還沒有人參加過，但是我參加的那三天，愛跑者許多的朋友來幫我加油、輪三班補給，甚至不認識的會員，看到我穿著愛跑者標誌的衣服，就也會上前鼓勵，這就是跑團的力量。結束後我得到男子第 5 名成績時，會長及幹部們都親自為我祝賀，讓我深受感動，所以這 5 年，我能夠跑到國家標準，以及參加紐約 10 日超馬，跑團真的幫助我很多，我也非常感恩。

未來我不論參加任何重要賽事，都希望把愛跑者的榮耀帶在身上，就像我參加紐約 10 日超馬，身上除了有國旗、

公司長榮標誌，我也加上了愛跑者，而在國外參加比賽的
每一天，也都可以收到愛跑者每位好友的打氣，這些是我
在疲累的時候支撐我繼續跑的動力。我擁有的這些成績，
真的不是我一個人可以完成的，而是因為 5 年來愛跑者的
支持，我才走到了這裡，這是連家人都難以幫忙的，因為
家人有自己的工作，但同樣是專注運動的愛跑者，給予了
無限、無私的協助。

2024 年紐約 10 日賽

對於跑步，我一直在選適合我的路，在跑步生涯的這 8 年，我一直不斷的尋找適合我發展的舞台。我很清楚全馬、半馬、10 公里或是 5 公里，對我來説是很難取得特別優異的成績，因為這些領域已經有許許多多的人從小就花費大量的時間與努力在耕耘，也比較仰賴年輕身體的瞬間爆發力，非我能力所及。因此，我可以發展的空間就是與年齡比較無涉，而是在於意志力、技術與規畫，也比較多空閒時間可以練習。

首先，只要肯花時間練習，基本上要取得一定的成績是沒問題的；再來，我掌握的技巧是：全程穩定的配速，而非先快後慢或是毫無計畫的亂跑。最後，因為有騎腳踏車的訓練，培養了我的體力、耐力與續航力。我可以長時間的騎腳踏車，也可以適應溫差、雨天，這些寶貴的經歷讓我轉換到跑步時比較容易。再來就是設定目標，我的目標是循序漸進的從一開始的 300 公里、國家標準 328

公里……愈來愈往前，我跟一般的人沒什麼不同，也是這樣慢慢一步一步的前進。最後，比較跑步跟騎腳踏車來說，其實跑步比較容易受傷，騎腳踏車最主要就是不要摔車跌倒，所以我會盡量不在雨天騎腳踏車。而超馬因為高強度，腳即使不受傷，也會疲倦，因此我的跑量最多就是 11 月至 5 月，就讓腳長時間的休息、修復，剛好這時候適逢夏天，我就轉換成騎腳踏車上武嶺，透過高海拔、低氧的環境訓練肺活量，該休息的時候就要休息，安全是最重要的。

未來我的目標參賽主要會放在臺北48 小時以及紐約 10 日賽，因為如同前述，參加全馬以下對我來說較不適合，我也希望可以不斷挑戰更高的成績，我每次參加比賽，一定是有把握狀態沒問題，加上足夠的練習才去報名。48 小時希望能每年維持 300 公里以上的成績（目前第 3 年），能維持 15 年跑在國家標準以上，甚至希望未來有機會突破目前的國家紀錄 384 公里，甚至到 400 公里。10 日賽的部分希望可以突破自己今年（2024）的 1141 公里的紀錄，拿到 52 日超馬的門票。以上都是我在 65 歲以前，我認為是我人生的體能顛峰的這段時間，想要努力完成的。

比較近期的參賽也跟大家分享，我將於 11/30 ～ 12/1 參加東吳 24 小時超馬，這個賽事算是全臺灣超馬界中最大的比賽，我是以達到 48 小時的國家標準獲取資格參加，另外，近期也得到 2025 年參加歐洲世界盃 6 日賽的機會，目前都正在努力準備、訓練中。

騎腳踏車方面，我的目標很簡單，目前我已經騎了 65 次西進武嶺，目標完成西進 100 登。加上東進與北進我目前是 110 登，因此希望在完成西進 100 登後，接著完成加總 200 登武嶺的成績。另外每年為了維持體能，希望可以持續參加每年年底的雙塔及四極點的騎乘，訓練我的長時間續航力，也是為了隔年的 48 小時及 10 日賽的跑步做暖身。

也在此更新我的騎車裝備，在 2017 年到 2024 年我把我的 TIME 空力腳踏車使用的淋漓盡致，TIME 空力腳踏車是平路專用，但不論是爬坡或平路，我都是使用同一臺，並沒有替換的其他車，因為我騎武嶺也不求快，以安全、輕鬆為主，且還要保留體力下滑，因為並不是時常有補給車。TIME 空力腳踏車屬於夾煞的機械，所以在下坡時我需要花費比較多的力氣及時間煞車，很辛苦。隨著年紀增長以及撥更多的時間在跑步，但在騎車上，我仍想要維持一樣的強度，於是我決定購入一臺爬坡專用的腳踏車，搭配刀輪，

可以比較輕鬆的踩上去，夾煞也改為碟煞，煞車力度增
強，下滑時只要輕輕一按就可以輕易地控制我要的速度。
剛好先前熟識 CyclingFABRO 車衣褲專賣店的林老闆，
今年開始跨足賣腳踏車，新開了 CyclingFABRO 頂級單
車專賣店，他推薦我 LOOK 這個品牌的腳踏車中的最新型
號── LOOK 795 BLADE RS 搭配 XeNTiS wheels 刀輪，
這個型號在 2024 年 6 月 29 日環法首發，同步環法選手開
賽，與環法選手使用的顏色、輪組等完全一模一樣。有了
新的腳踏車，我就可以減輕原本 TIME 腳踏車的負擔，讓
它的壽命延長，也讓目前我武嶺 110 登的成績可以更往前
到 200 登、300 登的目標。

另外，我想特別解釋一下 TWB 及 TBA 的差異，以及為什麼我現在都報名帶團騎 TBA。TWB 舉辦雙塔及北高的歷史已經有 10 幾年之久，每年也有非常多人報名，一開始在 2017 年，我也是參加 TWB 雙塔賽事。而 TBA 是在 2022 年才開始舉辦騎雙塔（以往只有經營北高賽事），TBA 在北高賽事騎車過程中的補給或是標記都做得很好，減少走錯路或是飲食方面的問題，讓我感覺到更被照顧，於是我從 2022 年開始參加 TBA 的雙塔團騎，也因為與 TBA 的會長熟識，了解他的為人、行事作風，知道他都會站在車友的立場，為車友著想，甚至在賽事前作路線探勘，讓車友們都能夠安全、舒適，而且 TBA 的費用也較便宜些。

而我也有一些最後的小建議想提供給車友及跑友。

騎車部分

首先要建議大家，騎車的時候要注意天候、交通，不要趕，以身體健康為主，不要拚速度，以安全、娛樂為主，訓練為輔，因為我們大多數人都不是職業的選手，再怎麼練都有人比我們快。如果在不安全的環境下騎車，很容易受傷，常聽聞有人騎到摔車、住院，影響到之後的生活，這樣就不是我們運動的宗旨，不要讓為了身體健康的運動，變成有風險的刺激運動。

訓練的方面，建議以循序漸進的方式，按照配速，慢慢提升自己的體能，把自己的基礎愈墊愈高，絕不要想一步登天，而是要把時間拉長到 5 年、10 年的計畫來練習。另外以自己現有的能力來練習，盡量不要騎到要吃止痛藥，或是吃過多的補給品，當身體出狀況時，就停止，不要用健康來換成績。補給食物的方式是少量多餐，讓自己維持在微餓的狀態。

如果決定要參加比賽，就一定要練習，練習的強度要比比賽時高，比賽時反而要收力，因為要預留一些體力應對天候等突發狀況。希望大家都能以快樂休閒的方式來騎車，不要因為競賽，忽略了安全，反而危害健康。

跑步部分

因為我目前主要專注在超馬的部分，所以以下的建議比較適合超馬領域 24 小時以上的比賽，全馬以下拚速度或是超馬 24 小時以下的可能就比較不適用。

首先在練習時，先把休息時間排出來，不要只安排練跑的時間，因為修復是超馬比賽中很重要的一環。超馬的強度很高，時間很長，如果身體狀況不是在最佳狀態，就很容易受傷，也很難達到自己設定的目標，所以練習的次數一定是要在自己可以負擔的範圍內。我都是先把距離練起來後，再來練速度，這樣身體的肌耐力才有辦法承受速度的提升。另外長時間的跑步，「補給」也是非常重要的，要怎麼吃才不會肚子餓，可以恢復自己的能量。練到吃飯不會影響跑步本身；補給不會影響消化；裝備可以撐到 24 小時甚至更長，讓跑步的節奏穩定，這是長期練習比較適合的方式，我跑臺北 48 小時 5 年，跑出的距離是穩定的愈來愈多，而不會突然衝很高，某一年又掉下，也不會因為年齡的增長而有太大的影響。我希望保守的每年成長 5～10 公里，穩穩地到達我的顛峰，直到年紀慢慢無法負荷我的練習量，因此顛峰在哪裡，端看自己平時的練習量、體力、花費的時間。

所以，跟騎車一樣，最重要的是保持自己的身體健康，不要強迫自己、不要使用過多非自然的補給品，因為這些方法產生的副作用，可能需要更長時間來代謝，一定要在自己的能力範圍內跑步，拉長年限，循序漸進，慢慢墊高自己的能力。

最後，很高興有機會可以透過這本書記錄我一路走來的心路歷程，希望這本書即使只有一點點，可以為跑友及各位喜歡運動的朋友們提供建議與協助。因為在這條路上我也曾受過許多幫助，所以想將這樣的美好散播出去，讓更多人喜歡跑步、不放棄跑步，我還在繼續努力練習，我們一起努力，一起朝自己的目標前進，享受完成那刻的成就感。

以下是我特別想感謝的名單，有你們才有現在的我：

（按英文字母、中文筆畫順序排列）

32G

AKIWEI

CyclingFABRO

FOOTLAND 襪子

迴龍自行車行

速運動醫學

愛跑者

機組人員特別利用空班時間帶著食物為我加油

——————————— 超越極限：我的超馬之路

國家圖書館出版品預行編目 (CIP) 資料

超越極限: 我的超馬之路 /魏嘉鴻口述; 陳資
穎撰文. -- 第一版. -- 新北市 : 商鼎數位出版
有限公司, 2024.11
　　面；　公分
ISBN 978-986-144-302-7(平裝)

528.946　　　　　　　　　113017296

超越極限 我的超馬之路

| 口　　述 | 魏嘉鴻 | 撰　　文 | 陳資穎 |

發 行 人　王秋鴻
出 版 者　商鼎數位出版有限公司
　　　　　地址：235 新北市中和區中山路三段136巷10弄17號
　　　　　電話：(02)2228-9070　傳真：(02)2228-9076
　　　　　客服信箱：scbkservice@gmail.com

編 輯 經 理　　甯開遠
執 行 編 輯　　陳資穎
獨立出版總監　　黃麗珍
美 術 設 計　　黃鈺珊

商鼎官網

來出書吧！

2024年11月20日出版　第一版／第一刷

版權所有・翻印必究